Spezialitäten aus

china

Spezialitäten aus China

Typische Rezepte Schritt für Schritt

BLV

Die Deutsche Bibliothek – CIP-Einheitstitelaufnahme

Spezialitäten aus China: typische Rezepte
Schritt für Schritt / [Texte: Alessandra Avallone.
Bearb.: Maria Rosa Schiaffino. Fotogr.:
Giandomenico Frassi und Alessandra Avallone.
Übers. aus dem Ital.: Susanne Vogel]. -
München; Wien; Zürich. BLV, 1994
Einheitssacht.: La Cina in cucina <dt.>
ISBN 3-405-14703-4
NE: Avallone, Alessandra; Frassi, Giandomenico;
Schiaffino, Maria Rosa [Bearb.]; Vogel, Susanne [Übers.];
EST

BLV Verlagsgesellschaft mbH
München Wien Zürich
80797 München

Titel der italienischen Originalausgabe: La Cina in cucina

Texte: Alessandra Avallone
Bearbeitung: Maria Rosa Schiaffino
Fotografie: Giandomenico Frassi und Alessandra Avallone
Grafische Gestaltung, Koordination: Simona Aguzzoni

Deutschsprachige Ausgabe:

Übersetzung aus dem Italienischen: Susanne Vogel
Lektorat: Inken Kloppenburg Verlags-Service, München
Herstellung: Sylvia Hoffmann
Druck und Bindung: Arnoldo Mondadori, Verona
Einbandgestaltung: Studio Schübel, München
Einbandfotos (Vorder- und Rückseite):
Giandomenico Frassi und Alessandra Avallone
Printed in Spain ISBN 3-405-14703-4
Artes Graficas Toledo, S.A.
D.L.TO:706-1994

Zu den Rezepten
Alle Variationen der Basisrezepte sind, wenn nicht anders angegeben, für 4 Personen berechnet.

Verwendete Abkürzungen:

TL	Teelöffel
EL	Eßlöffel
g	Gramm
kg	Kilogramm
ml	Milliliter
l	Liter

Danksagung
Der Herausgeber dankt nachfolgenden Firmen für die Bereitstellung der Requisiten für die Fotos:

Lo Mei Hing, Mailand
B. Morone, Mailand
Enrica Negri, Mailand
Shed, Mailand
Surimono, Mailand

Inhalt

Köstliche Vielfalt im Reich der Mitte

Das Grundrepertoire der chinesischen Küche umfaßt 5000 Rezepte. Zählte man alle Speisen zusammen, käme man wohl, wie manchmal gemutmaßt wird, mühelos auf 14000. Ist es angesichts einer derartigen Fülle nicht gewagt, sich auf eine so kleine Auswahl wie die hier vorgestellte zu beschränken? Ganz im Gegenteil: Es ist der beste Weg, um sich der vielseitigsten und raffiniertesten Küche der Welt zu nähern. Durch die sorgfältig getroffene Auswahl gewinnt man am besten einen ersten Eindruck und kann die Scheu überwinden, die einen angesichts einer unübersehbaren Vielfalt wenig vertrauter Zutaten und Küchentechniken allzu leicht überkommt.

In der Palette der Rezepte, die auf den folgenden Seiten vorgestellt werden, sind die charakteristischen Grundmerkmale der chinesischen Küche vereint: Man lernt die wichtigsten Küchentechniken und Garmethoden kennen und erfährt zugleich etwas über die Eßkultur und Tischsitten Chinas, die so anders sind als die unseren. Entscheidend bei der Gestaltung eines Essens ist das Streben nach Harmonie. Dies gilt nicht nur für die einzelnen Zubereitungen, sondern vor allem auch für die Komposition eines Menüs. Es kommt darauf an, daß die verschiedenen Geschmacksrichtungen – süß, salzig, sauer, scharf – ebenso vertreten sind wie die unterschiedlichen Konsistenzen: weich, zart, knusprig, trocken und saftig.

Ein Grundsatz der chinesischen Küche ist es, die Speisen möglichst wenig zu verändern. Zudem herrscht in China seit jeher Mangel an Brennstoff. Beide Tatsachen sind für die auffallend kurzen Garzeiten verantwortlich. Die Zutaten werden stets sorgfältig zerkleinert, so daß sie rasch gar sind. Damit erklärt sich auch das Fehlen des Messers: Es wird nicht benötigt, und so übernehmen Eßstäbchen die Funktion, die Speisen aufzunehmen und zum Mund zu führen. Nur der Löffel taucht auf der chinesischen Tafel auf.

Die chinesischen Köche beherrschen es meisterlich, die Zutaten und Gewürze im ausgewogenen Verhältnis zu dosieren. Alle Garmethoden werden eingesetzt, wobei vor allem zwei besondere Erwähnung verdienen: das Pfannenrühren, bei dem die Speisen mit wenig Öl im stark erhitzten Wok in wenigen Sekunden gegart werden, und das Dämpfen bei niedriger Temperatur, das die Nährstoffe und den unverfälschten Geschmack der Speisen erhält. Suppen sind ein obligatorischer Bestandteil jeder Mahlzeit. Sie werden, anders als bei uns, bei starker Hitze gekocht und sind somit in Minutenschnelle fertig. Anders auch die Art, sie zu genießen. Die Suppen werden nicht am Anfang einer Mahlzeit gereicht, sondern man trinkt sie während des gesamten Essen und zum Abschluß.

Genau genommen gibt es »die chinesische Küche« nicht. Es wäre etwa so, als spräche man von »der europäischen Küche«. Das unermeßlich große Reich der Mitte gliedert sich in mindestens fünf Gebiete mit jeweils eigenständigen Kochtraditionen. In der nördlichen oder Peking-Küche herrschen Schweinefleisch, Nudeln und aufwendige Gerichte vor. Typisch für die östliche oder Shanghai-Küche sind vor allem Fisch, Reis und Sojasauce. Die südliche oder Kanton-Küche ist die wohl bekannteste und vielfältigste; sie verwendet bevorzugt Fische und Krustentiere, Gemüse, Früchte und Reis. Die Küche von Honan in der Mitte Chinas ist sehr pikant und wartet mit zahlreichen süß-sauren Gerichten sowie Zubereitungen mit getrocknetem Fisch auf. Schließlich gibt es noch die westliche oder Szetschuan-Küche, in der Pilze und andere würzige Zutaten, auch Chilischoten, eine wichtige Rolle spielen.

Allen Regionalküchen gemeinsam ist die intensive Verwendung der Sojabohne in vielerlei Formen. Die weltweit am vielfältigsten genutzte Pflanze ist in China seit Urzeiten bekannt. Aus ihren Samen wird eine Reihe wertvoller Produkte gewonnen, angefangen von Öl und Mehl über Sojamilch, aus der wiederum zahlreiche Erzeugnisse wie der omnipräsente Tofu entstehen, bis hin zur Sojasauce. – Sämtliche Hauptzutaten der chinesischen Küche sind auch bei uns inzwischen ohne weiteres erhältlich. Damit steht der Annäherung an diese kulinarische Welt, zu der das vorliegende Buch anregen möchte, nichts mehr im Wege.

Bei der Zusammenstellung eines Menüs für ein größeres Essen gilt der Grundsatz: »Viele Gäste, viele Gerichte«. Sie werden gleichzeitig aufgetragen, und jeder bedient sich von jedem. In der Regel serviert man ein, zwei Gerichte mehr, als Gäste anwesend sind.

Neben der bloßen Zahl der Gerichte kommt es, wie eingangs schon erwähnt, entscheidend auch darauf an, daß sie in puncto Geschmack und Beschaffenheit Abwechslung bieten. Ein Menü aus fünf Gerichten sollte zum Beispiel ein gebratenes und ein pfannengerührtes umfassen, eines aus Fleisch oder Fisch mit Sauce, vielleicht süß-sauer abgeschmeckt, und ein anderes ohne Sauce, weiterhin eines aus würzig zubereitetem Reis oder Nudeln und schließlich eine Suppe. Doch muß man, um das chinesische Essen zu genießen, nicht unbedingt »auf chinesiche Art« essen: Ein Gericht aus Huhn oder Schweinefleisch, ein in der Hülle gegarter Fisch oder gedämpfte Teigtaschen können durchaus auch als interessanter Kontrapunkt in ein westliches Menü einbezogen werden. Und mit Reis oder einer Gemüsebeilage serviert, ergeben sie ein ausgezeichnetes Hauptgericht.

Die faszinierende Welt der chinesichen Küche mit ihren raffinierten Genüssen und köstlichen Geheimnissen bietet also unendlich viele Möglichkeiten. Durch die Beschäftigung mit den Eßgewohnheiten und Gastgebräuchen fremder Länder erschließen sich ungeahnte Freuden und Erfahrungen, die einem andere und – wie in diesem Fall – ferne Kulturen und Völker näherbringen und zu mehr Offenheit und Toleranz anregen.

In diesem Sinne seien die Gläser gehoben mit einem »cin cin«, dem uralten Trinkspruch, der das Klingen der Gläser nachahmt und vor vielleicht 5000 Jahren in China entstand.

Reisessig: *Er wird in zwei Sorten angeboten: Der kräftige dunkle dient zum Abschmecken süß-saurer Zubereitungen, der milde helle zum Würzen bei Tisch.*

Maisstärke: *Aus Maiskörnern gewonnene feine Speisestärke zum Binden von Saucen und zum Andicken von Backteig und Pasten.*

Tofu: *Das quarkähnliche Produkt, auch Bohnenquark genannt, ist frisch oder eingeschweißt in Asienläden, Reformhäusern und im Naturkosthandel erhältlich.*

Lotosblätter: *Die dicken Blätter der Lotospflanze werden zusammengefaltet und getrocknet. Eingeweicht und als Hülle zum Garen verwendet, verleihen sie den Speisen ein charakteristisches Aroma.*

Shiitake-Pilze: *Nur der flache, runde Hut wird verwendet. Getrocknete Shiitake besitzen ein noch intensiveres Aroma. 1/2 Stunde in heißem Wasser einweichen.*

Getrocknete Shrimps: *Die kleinen, getrockneten Garnelen verleihen mit ihrem intensiven Duft und Geschmack vielen Speisen eine besondere Würze. Sie sind in asiatischen Spezialitätengeschäften zu haben. 1/2 Stunde kalt einweichen.*

Bambussprossen: *Sie werden ganz, in Stücke geteilt oder auch in feine Scheiben geschnitten als Dosenware angeboten. Vor dem Gebrauch die Sprossen abspülen. Getrocknete Sprossen müssen 12–24 Stunden einweichen.*

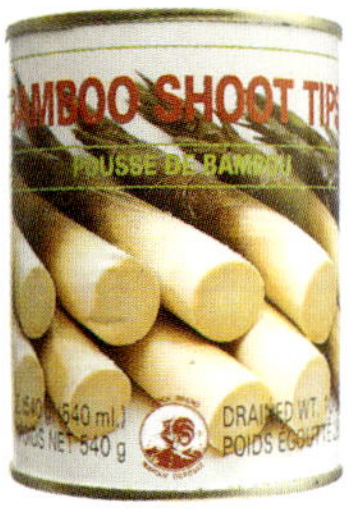

Sojabohnensprossen: *Die frisch gekeimten, proteinreichen Samen der Mungobohne werden in der Vollwertküche viel verwendet. Frischware bevorzugen.*

Rosenblütenschnaps: *Ein in Nordchina erzeugter Hirsebranntwein wird mit den Blütenblättern einer besonders stark duftenden Rose aromatisiert. Er wird bei der Zubereitung von Saucen und Desserts verwendet und zum Abschluß einer Mahlzeit getrunken.*

Chiliöl: *Pflanzenöl, das durch den Zusatz von Chilischoten eine pikante Schärfe besitzt. Dieses Fertigprodukt wird zum Würzen – auch bei Tisch – verwendet.*

Wichtige Zutaten

Sesamöl: *Dunkles, dickes Öl aus gerösteten Sesamsamen mit sehr intensivem Aroma. Man benötigt nur wenige Tropfen.*

Süße Bohnenpaste: *Die dicke dunkelrote Würzpaste enthält fermentierte Sojabohnen und verschiedene Gewürze. Für viele Fleisch-, Fisch- und Gemüsegerichte zum Binden und zum Abschmecken des Fonds.*

Szetschuanpfeffer: *Die Körner – genaugenommen kein Pfeffer, in Fernostläden zu haben – werden erst unmittelbar vor der Verwendung im Mörser zerrieben (und zuvor in der Pfanne geröstet), sie entfalten ein würziges Aroma.*

Sojasauce: *Zwei Varianten dieser Sauce spielen in der chinesischen Küche eine besonders wichtige Rolle: die helle (chan yow) zum Nachwürzen bei Tisch und die dunkle, dickflüssige mit süßlichem Geschmack (chu yow) vor allem bei längeren Garprozessen.*

Hoisin-Sauce: *Sie ähnelt der süßen Bohnenpaste, die sie bisweilen auch ersetzt, schmeckt jedoch eher süß-sauer. Ihr Aroma erhält sie durch Knoblauch, Chilischoten, Essig und Sesamöl.*

Sesamsamen: *Die kleinen, rundlichen Samen von nußähnlichem Geschmack werden »pur« oder geröstet verwendet.*

Reisnudeln: *Helle Fadennudeln aus Reismehl in verschiedenen Stärken und Längen, getrocknet und gebündelt im Handel.*

Glasnudeln: *Die sehr dünnen Nudeln aus Mungobohnenmehl besitzen ein glasiges Aussehen und gekocht eine schlüpfrige Konsistenz. Vor der Verwendung 1/2 Stunde einweichen.*

Sesampaste (Tahin): *Sie besteht aus gemahlenen hellen Sesamsamen, ist ziemlich dickflüssig und wird daher gewöhnlich verdünnt verwendet. Man bekommt diese Sauce in Fernost- und Naturkostläden.*

Reiswein (Shao shing): *Alkoholisches Getränk aus gemaischtem Reis, wird zum Essen getrunken, würzt auch Saucen.*

Ingwer: *Frisch in Scheiben geschnitten oder gehackt, ist sein pikantes Aroma typisch für die chinesische Küche. Im Kühlschrank sind die Wurzeln lange haltbar.*

Chinesischer Kandiszucker: *Kristallisierter Rohzucker von strohgelber Farbe. Vor Verwendung in der Küchenmaschine zerkleinern.*

Küchengeräte

Faszinierend an der chinesischen Küche ist die unglaubliche Vielfalt von Gerichten, die sich mit ganz geringer Küchentechnik zubereiten lassen. Unverzichtbar ist dabei der Wok. Diese »Pfanne« mit rundem Boden ist wohl das vielseitigste Kochgeschirr, das jemals erfunden wurde, denn sie eignet sich für alle Garmethoden vom Fritieren bis zum Dämpfen.

Kokosfaserbürste *zum Säubern von Gemüse und Gefäßen*

Holzbrett

Emailschüsseln *für die Vor- und Zubereitung der Speisen vor dem Garen*

Küchenbeil *zum Schneiden und Hacken der Zutaten*

Kasserollen *in drei verschiedenen Größen für Saucen und gekochte Zubereitungen*

Bambusdämpfkorb *mit Deckel*

Wok-Wender und Schöpfkelle *aus Edelstahl*

***Wok** aus rostfreiem Edelstahl*

***Traditioneller Wok** aus Gußeisen*

***Mongolischer Feuertopf** für das berühmte gleichnamige Gericht der Peking-Küche. Auf einem Spiritusbrenner steht das ringförmige Gefäß zum Garen der Speisen, es hat in der Mitte einen Kamin.*

***Bambus- und Holzspatel, Sieb aus Drahtgeflecht** zum Abtropfen fritierter Speisen*

VOR DEM ERSTEN GEBRAUCH EINES GUSSEISEN-WOKS ZU BEACHTEN

Die schützende Folie entfernen. Gegen Rost wurde die behandelte Oberfläche eingeölt.

Den Wok mit Spülmittel und einer Kokosfaserbürste reinigen und gründlich abspülen.

Mit Pflanzenöl ausstreichen und stark erhitzen, er färbt sich dabei schwarz, das Öl raucht.

Vom Herd nehmen, gründlich mit heißem Wasser ausspülen und mit Küchenpapier trockenreiben.

Den Wok wie zuvor einfetten und erhitzen, mit heißem Wasser ausspülen und abtrocknen.

Immer wieder erhitzen und säubern, bis das Küchenpapier beim Trocknen sauber bleibt.

Pflege: Den Wok jedesmal nach dem Abspülen auf dem heißen Herd abtrocknen. Wurde er lange nicht benutzt, fettet man ihn leicht mit Pflanzenöl ein.

Fladen mit Frühlingszwiebeln

Wer glaubt, in China werde das Brot stets durch Reis ersetzt, kann sich hier eines Besseren belehren lassen. Tatsächlich ißt man in der Gegend von Peking gern und häufig Brot, ob als kleine Zwischenmahlzeit oder auch zu verschiedenen Gerichten. Es wird auf unterschiedliche Art und Weise zubereitet: gedämpft oder in der Pfanne, auf der heißen Platte oder im Freien über der offenen Glut gebraten, einfach so oder auch mit Fleisch oder Gemüse gefüllt. Diese Fladen werden mit Frühlingszwiebeln gewürzt und auf eine ganz spezielle Art zubereitet.

Grobes Salz: *Es wird unzerkleinert unter den Teig gemengt. Daher schmecken die Fladen ungewürzt, bis man auf ein Salzkorn beißt und unversehens einen Gaumenkitzel verspürt. Das besonders aromatische Meersalz ist dem normalen Siedesalz unbedingt vorzuziehen.*

Zutaten

Für 6 Personen
60 g fetter Speck
3 große oder 6 kleine Frühlingszwiebeln
350 g Mehl
300 ml kochendes Wasser
5 EL kaltes Wasser
1 gehäufter EL grobes Meersalz

Küchengeräte

• Chinesisches Küchenbeil • Kasserolle • Sieb • Schüssel • Bambusstäbchen • Arbeitsfläche aus Holz oder Marmor • Holzbrett • Rollholz • Pfanne mit Antihaft-Beschichtung • Spatel aus Holz oder Metall

Fetter Speck: *Er verleiht den Fladen einen unverwechselbaren Geschmack. Eventuell kann man ihn durch die gleiche Menge Erdnußöl ersetzen. Auch Olivenöl ist geeignet, wodurch die Fladen eine leicht mediterrane Note erhalten.*

Alternativ: *Wer keinen fetten Speck zur Hand hat oder die Zubereitung abkürzen möchte, kann statt dessen gutes* ***Schmalz*** *verwenden.*

Mengenumrechnung

Personen	**4**	**8**	**10**	**12**
Speck	45 g	80 g	100 g	120 g
Frühlingszwiebeln	2	4	5	6
Mehl	230 g	475 g	600 g	700 g
Kochendes Wasser	200 ml	400 ml	½ l	600 ml
Kaltes Wasser	4 EL	7 EL	8 EL	9 EL
Grobes Meersalz	½ EL	1 ⅓ EL	1 ⅔ EL	2 EL

Zubereitung

◆ Den Speck in dünne Scheiben schneiden. Die Schneide des Küchenbeils über einem Topf mit kochendem Wasser erhitzen, anschließend den Speck fein hacken. Die Frühlingszwiebeln waschen, vom Wurzelansatz und den harten grünen Blättern befreien und grob hacken.

◆ Das Mehl in eine große Schüssel sieben. In die Mitte eine Mulde drücken und das kochende Wasser mit

15 g Speck hineingeben. Mit den Stäbchen nach und nach das gesamte Mehl mit dem Wasser vermengen, bis ein weicher Teig entsteht.

◆ Das kalte Wasser zum Teig geben und untermischen, anfangs ist der Teig noch ziemlich klebrig.

◆ Den Teig in der Schüssel mit den Stäbchen bearbeiten oder auf der Arbeitsfläche mit den Händen kneten, bis er sich leicht von den Stäbchen oder Händen löst.

◆ Mit einem Tuch abdecken und 30 Minuten ruhen lassen. Eine Rolle formen und diese in 10 gleiche Portionen teilen. Jede Teigportion zu einer Kugel rollen und mit der Handfläche flach drücken.

◆ Die Teigportionen einzeln mit dem leicht eingemehlten Rollholz zu dünnen Fladen ausrollen. Diese jeweils mit 1 EL Frühlingszwiebeln und 1 Prise grobem Salz bestreuen.

◆ Die Fladen einzeln aufrollen, so daß die Frühlingszwiebeln in der Mitte eingeschlossen sind. Die Rollen wie eine Schnecke zusammenlegen.

◆ Die Teigstücke erneut zu Fladen ausrollen. Jetzt sind Salz und Frühlingszwiebeln gleichmäßig im Teig verteilt.

◆ In einer Pfanne mit Antihaft-Beschichtung 1 TL des restlichen Specks erhitzen. Die Fladen einzeln von beiden Seiten je 2 ½ Minuten braten, bis sie appetitlich gebräunt sind.

◆ Für jeden neuen Fladen etwas frischen Speck in die Pfanne geben.

Ein nützlicher Tip
Damit die fertig ausgerollten Fladen nicht an der Unterlage ankleben, legt man sie am besten bis zur weiteren Verarbeitung auf ein Tuch oder stapelt sie aufeinander und bestaubt jede Lage leicht mit Maisstärke.

Servieren

In China werden diese Fladen gern als kleine Zwischenmahlzeit serviert. Ebenso passen sie jedoch als Beigabe zu jedem herzhaften Gericht, zum Beispiel zu Schweinefleisch mit milden Chilischoten (Foto links). Sie sind eine willkommene Abwechslung zum Reis, der aber trotzdem, ob in einer einfachen oder aufwendigeren Variante, bei keiner chinesischen Mahlzeit fehlen darf.

BIER

Anders als gemeinhin angenommen, trinken die Chinesen ihren Tee nicht während der gesamten Mahlzeit, sondern erst am Ende. Zum Essen werden leichte alkoholische Getränke angeboten. Besonders beliebt ist eine bestimmte Biersorte, die aus vergorenem Reis und verschiedenen Getreiden hergestellt wird und der anschließend Hopfen und besondere Gewürze zugesetzt werden. Dieses Bier besitzt einen sehr niedrigen Alkoholgehalt und einen charakteristischen, milden Geschmack. Außer bei festlicheren Anlässen bildet es einen gleichwertigen Ersatz für Reiswein. Es wird auch in den Teehäusern ausgeschenkt, wo man es gern zu den in China so beliebten kleinen Appetithappen wie den gedämpften Teigtaschen, Frühlingsrollen, gefüllten Brötchen und Fladen trinkt.

FRÜHLINGSROLLEN

Diese typische Spezialität der Kanton-Küche ißt man zum Frühstück oder auch als schnellen Imbiß zwischendurch. Wie viele weitere warme, ausgebackene und unterschiedlich gefüllte Teigtaschen gehören auch sie zu den berühmten »dim-sum«, die den »kleinen Hunger« beschwichtigen und von Ständen entlang den Straßen feilgeboten werden.

Frühlingszwiebeln: *Je nach Größe werden 3–6 Stück gebraucht.*

Bambussprossen: *Sie sind als Dosenware in Fernostläden erhältlich. Besonders fein schmecken die Bambusspitzen, die etwas mehr kosten und für Gerichte mit gemischtem Gemüse zu empfehlen sind. Bambussprossen werden vor der Verarbeitung stets in warmem Wasser abgespült.*

Sojabohnensprossen: *Man hat die Wahl zwischen frischen Sprossen, die kurz blanchiert werden, und Konserven, die den Geschmack des jeweiligen Gerichtes nicht verändern. Inzwischen sind Sprossen auch in vielen Supermärkten erhältlich.*

Küchengeräte

• Arbeitsfläche aus Holz oder Holzbrett • große Schüssel • Sieb • Holzspatel • stabile Stäbchen zum Kochen • Rollholz • chinesisches Küchenbeil • Wok • Schaumlöffel aus Drahtgeflecht

Zutaten

Für 6 Personen
Für den Teig:
225 g Mehl
1/2 TL Salz
1 Ei
1/8 l Wasser
Maisstärke für die Teigbearbeitung
Für die Füllung:
350 g mageres Schweinefleisch
2 dünne Scheiben frischer Ingwer
75 g Bambussprossen, abgetropft
8 getrocknete Shiitake-Pilze
3 Frühlingszwiebeln
3 EL Öl
1 TL Salz
120 g Sojabohnensprossen
2 EL Sojasauce
1 EL Maisstärke, in
2 EL Wasser verrührt
1 Ei, verquirlt
Erdnuß- oder Olivenöl zum Fritieren

Shiitake-Pilze: *Nach dem Trocknen besitzen diese chinesischen Pilze, die begehrtesten unter den fernöstlichen Pilzen, ein besonders intensives Aroma. Man bekommt sie in asiatischen Spezialitätengeschäften, und sie haben ihren Preis, doch sie sind durch keine andere Pilzart zu ersetzen.*

Alternativ: *Die Teigherstellung ist mit einigem Zeitaufwand verbunden. Ersatzweise können* ***tiefgefrorene Teigblätter*** *verwendet werden, die man ebenfalls in Asienläden bekommt.*

Mengenumrechnung

Personen	**4**	**8**	**10**	**12**
Teig	1/2 Rezept	1 Rezept	1 1/2 Rezepte	2 Rezepte
Fleisch	250 g	400 g	450g	700 g
Ingwer	1 Scheibe	2 Scheiben	3 Scheiben	4 Scheiben
Bambussprossen	50 g	100 g	150 g	180 g
Pilze	5	10	12	16
Frühlingszwiebeln	2	4	4–5	6
Öl	2 EL	4 EL	5 EL	6 EL
Sojasauce	1 EL	2 EL	3 EL	4 EL
Sojabohnensprossen	80 g	150 g	180 g	240 g
Maisstärke, verrührt	1/2 EL	1 EL	1 1/2 EL	2 EL
in Wasser	1 EL	2 EL	3 EL	4 EL

Zubereitung

◆ **Teig:** Mehl und Salz in eine große Schüssel sieben. In die Mitte eine Mulde drücken. Das Ei hineinschlagen und mit den Stäbchen leicht verquirlen. Das Wasser hinzufügen und die beiden Zutaten miteinander vermischen. Mit den Stäbchen oder einem Holzlöffel das Mehl nach und nach untermengen.

◆ Sobald sich ein weicher Teig ergibt, diesen auf die mit Maisstärke bestaubte Arbeitsfläche geben. Den Teig mehrere Male hochheben und auf die Arbeitsfläche fallen lassen. Anschließend – wie bei der Herstellung von Eiernudeln – 10 Minuten mit den Handflächen durchwalken, bis ein glatter Teig entsteht, der nicht mehr klebt. Ab und zu die Arbeitsfläche und die Hände leicht einmehlen.

◆ Den Teig mit einem feuchten Tuch abdecken und 30 Minuten ruhen lassen.

◆ Zu einer Rolle von etwa 30 cm Länge formen und 3–4 cm dicke Scheiben abschneiden.

◆ Die Teigstücke mit Maisstärke einmehlen, mit der Handfläche flach drücken und mit dem Rollholz hauchdünn ausrollen.

◆ Die Teigblätter mit Maisstärke bestauben, aufeinanderlegen und Quadrate von 15 cm Seitenlänge ausschneiden. Während der Zubereitung der Füllung die Teigblätter mit einem feuchten Tuch abdecken.

◆ **Füllung:** Das Schweinefleisch in dünne Scheiben und anschließend in schmale Streifen schneiden.
◆ Den Ingwer und die Bambussprossen ebenfalls in feine Scheiben und dann in streichholzdünne Stifte schneiden. Die getrockneten Pilze 25 Minuten in warmem Wasser einweichen.
◆ Die Pilze abgießen, ausdrücken und die Stiele entfernen. Die Pilzhüte feinstreifig schneiden. Die Frühlingszwiebeln längs halbieren und in etwa 1 cm breite Stücke schneiden.

◆ Die vorbereiteten Zutaten sowie die in Wasser verrührte Maisstärke und die Sojasauce in der Nähe des Herdes bereitstellen. Im Wok das Öl erhitzen.
◆ Den Ingwer, die Pilze und das Fleisch mit dem Salz in den Wok geben. Alles bei starker Hitze gut 1 Minute braten, dabei ständig mit dem Holzspatel rühren.
◆ Die Frühlingszwiebeln, die Bambussprossen, die Sojabohnensprossen und die Sojasauce hinzufügen und alles noch 1 Minute pfannenrühren.
◆ Die aufgelöste Maisstärke in den Wok geben und alles 30 Sekunden durchmischen. Den Pfanneninhalt auf einen Teller geben und abkühlen lassen.
◆ Ein Teigblatt auf dem Holzbrett ausbreiten. Etwa 2 EL der kalten Füllung gleich unterhalb der Mitte auf das Teigblatt setzen. Die Stäbchen erweisen sich bei diesem Arbeitsschritt als äußerst praktisch.

◆ Den unteren Teigzipfel doppelt über die Füllung legen, die beiden Seitenzipfel über die Füllung klappen. Die obere Teigecke dünn mit verquirltem Ei bestreichen und zur Mitte hin über die Füllung legen. Weitere Frühlingsrollen vorbereiten, bis alle Zutaten aufgebraucht sind.
◆ Das Öl zum Fritieren im Wok erhitzen. Wenn es richtig heiß ist, jeweils 3–4 Frühlingsrollen hineingeben. Die Frühlingsrollen immer nur in kleinen Portionen fritieren, da sonst das Öl zu stark abkühlt, und wiederholt wenden, damit sie gleichmäßig garen.
◆ Die Frühlingsrollen nach etwa 4 Minuten, wenn sie ringsum zart gebräunt sind, aus dem Wok nehmen und zum Abtropfen auf Küchenpapier legen. Im vorgeheizten Ofen bleiben sie etwa 30 Minuten schön knusprig.

Aufbewahren

Teighüllen für Frühlingsrollen kann man gut im voraus zubereiten. Mit einem leicht feuchten Tuch abgedeckt, lassen sie sich im Kühlschrank einen Tag aufbewahren. Beim Aufeinanderstapeln müssen sie jedoch großzügig mit Maisstärke bestaubt werden, damit sie nicht aneinanderkleben.
Zum Tiefgefrieren legt man sie aufeinander, jeweils durch ein Stück Pergament- oder Wachspapier getrennt. Den Stapel in Alufolie einschlagen und so in das Gefriergerät legen, daß er sich nicht biegt. Tiefgefroren halten sich die Teigblätter einen Monat. Zum Auftauen einige Stunden vor der Verarbeitung in den Kühlschrank legen.

Servieren

Die Frühlingsrollen auf einer Platte anrichten und mit einigen Petersilienblättern, ein wenig frischem Koriandergrün (Cilantro), einigen Salatblättern oder etwas Chinakohl garnieren. Die klassische Beilage ist Reis. Dazu reicht man Sojasauce, die keinesfalls fehlen darf, und eine Schale mit scharfer Bohnenpaste aus fermentierten schwarzen Sojabohnen, Chillies, Salz und Zucker, in die die Gäste die Frühlingsrollen tunken. Sojasauce und Bohnenpaste sind in Asienläden zu bekommen.

Variationen

Vegetarische Frühlingsrollen

Im Wok 3 EL Erdnußöl mit 1/2 EL frisch gehacktem Ingwer erhitzen. 2 Möhren, in streichholzfeine Stifte geschnitten, sowie 4 Mangoldblätter und 8 Chinakohlblätter, in Streifen geschnitten, hinzufügen. Nach 1 Minute die Frühlingszwiebeln, Bambussprossen, Sojabohnensprossen und Sojasauce in den oben angegebenen Mengen dazugeben. Das Gericht nach Rezept vollenden.

Frühlingsrollen mit Garnelen

Im Wok 3 EL Erdnußöl mit 1/2 EL frisch gehacktem Ingwer erhitzen. 200 g rohe, ausgelöste Garnelen und das Salz hinzufügen. Nach 1 Minute 240 g Sojabohnensprossen, die Frühlingszwiebeln mitsamt dem zarteren Grün, die Bambussprossen und die Sojasauce dazugeben. Dabei die Mengenangaben sowie die Art der Zubereitung entsprechend dem Basisrezept einhalten.

Frühlingsrollen mit Huhn

3 EL Erdnußöl mit 1/2 EL frisch gehacktem Ingwer im Wok erhitzen. Ein in feine Streifen geschnittenes Hühnerbrüstchen, die Pilze und das Salz hinzufügen. Nach 1 Minute 2 mittelgroße rote Zwiebeln in feinen Scheiben, die Bambussprossen und die Sojasauce dazugeben. Die Mengen und weiteren Zubereitungsschritte sind dem Basisrezept zu entnehmen.

WON-TON

Won-ton, außerhalb Kantons »hun-tun« genannt, gehören im Ausland zu den bekanntesten Köstlichkeiten der chinesischen Küche. Diese TEIGTASCHEN werden auf verschiedene Arten serviert: ausgebacken oder in Brühe gegart, nur mit Garnelen oder mit Garnelen und Fleisch gefüllt. Sie sind leicht zuzubereiten, zugleich aber äußerst raffiniert.

Szetschuanpfeffer: *Der Name dieses Gewürzes – es wird auch Chinapfeffer genannt – geht auf die Region zurück, in der es hauptsächlich angebaut wird. Szetschuanpfeffer verleiht vielen chinesischen Gerichten ein arteigenes Aroma, das die Schärfe des Pfeffers mit der säuerlichen Note der Schalen von Zitrusfrüchten in sich vereint. Die getrockneten Körner werden gemahlen oder im Mörser zerstoßen.*

Teigblätter: *Was übrigbleibt, kann für eine spätere Verwendung eingefroren werden. Dafür die großzügig mit Maisstärke bestaubten Teigblätter aufeinanderlegen und den Stapel in Alufolie wickeln. Fertige Teigblätter sind auch tiefgefroren in Asienläden erhältlich. Sie müssen nur noch aufgetaut und behutsam voneinander getrennt werden.*

Küchengeräte

• Große Kasserolle • Baumwoll- oder Mulltuch • Seiher • Holzbrett • chinesisches Küchenbeil • Rollholz • Schüssel • Backpinsel • Schöpfkelle

Brunnenkresse: *Eine krautige Salatpflanze mit sehr aromatischem, leicht pikantem Geschmack. Ersatzweise kann Rucola verwendet werden.*

Mengenumrechnung

Personen	**8–10**	**12**
Für die Brühe:		
Wasser	3½ l	5 l
Bleichsellerie	4 Stangen	6 Stangen
Lauch	2 Stangen	3 Stangen
Frischer Ingwer für die Brühe	8 dünne Scheiben	12 dünne Scheiben
Salz	1 TL	1½ TL
Hühnerflügel	1 kg	1½ kg
Für die Teigtaschen:		
Teig für Frühlingsrollen	2 Rezepte	3 Rezepte
Frühlingszwiebeln	2	3
Frischer Ingwer	4 dünne Scheiben	6 dünne Scheiben
Rohe, geschälte Garnelen	200 g	300 g
Mageres Schweinehack	200 g	300 g
Reiswein	2 EL	3 EL

Alternativ: *Der Teig kann auch* ***ohne Ei*** *zubereitet werden. 200 g Mehl mit 100 ml Wasser, mit 1 Prise Safran gelb gefärbt oder mit 2 Prisen Kurkuma, zu einem glatten Teig verarbeiten. In ein feuchtes Tuch einschlagen und 30 Minuten ruhen lassen. Ausrollen und 20–24 Quadrate von etwa 10 cm Kantenlänge ausschneiden.*

Zutaten

Für 4–6 Personen
Für die Brühe:
2 l Wasser
2 Stangen Bleichsellerie
1 Lauchstange
4 Scheiben frischer Ingwer
1 TL Salz
500 g Hühnerflügel oder 1 Hühnerkarkasse
Für die Teigtaschen:
1 Rezept Teig für Frühlingsrollen, nach Anleitung hergestellt (Seite 19 und 20)
1 Frühlingszwiebel
2 dünne Scheiben frischer Ingwer
100 g rohe, geschälte Garnelen (Darm entfernt)
100 g mageres Schweinehack
Salz, Szetschuanpfeffer
1 EL Reiswein
Zum Anrichten:
1 kleines Bund Brunnenkresse
Szetschuanpfeffer

Zubereitung

◆ **Brühe:** 2 l warmes Wasser in eine Kasserolle geben. Den in Stücke geschnittenen Sellerie und Lauch, die Ingwerscheiben und das Salz hinzufügen. Nach dem ersten Aufwallen die Hühnerflügel hineingeben und die Brühe 1 ½ Stunden kochen lassen.

◆ Ein sauberes Baumwoll- oder Mulltuch doppelt legen, in Wasser tauchen, ausdrücken und einen Seiher damit auskleiden. Die Brühe über einem Gefäß durchseihen und beiseite stellen.

◆ **Füllung:** Frühlingszwiebel, Ingwer und Garnelen fein hacken und mit dem Schweinehack vermengen. Die Mischung mit Salz, gemahlenem Szetschuanpfeffer und dem Reiswein würzen.

◆ **Teig:** Nach der Anleitung für die Frühlingsrollen herstellen, zu einer langen Rolle formen, 1 cm dicke Scheiben abschneiden und zu Kugeln rollen.

◆ Die Teigkugeln auf der bemehlten Arbeitsfläche ausrollen, die Blätter mit Maisstärke bestauben und aufeinanderstapeln.

◆ Mit einem Messer mit langer Klinge die gestapelten Teigblätter so beschneiden, daß sich Quadrate von etwa 10 cm Kantenlänge ergeben; für etwas größere Teigtaschen kann die Kantenlänge auch 12 cm betragen.

◆ Eine walnußgroße Menge der Füllung auf die Ecke eines Teigblatts setzen. Die Ecke mit einem in Wasser getauchten Backpinsel einstreichen und über die Füllung legen. Nun erst die eine, dann die andere seitliche Ecke mit Wasser bestreichen, über die Füllung legen und leicht andrücken. Die übrigen Won-ton genauso herstellen. Insgesamt etwa 20–25 Teigtaschen formen.

◆ Eine zweite Faltmethode: Die Füllung in die Mitte des Teigblattes setzen, die Ränder mit Wasser bestreichen, das Teigstück zu einem Dreieck falten und die beiden seitlichen Zipfel über die Füllung legen.

◆ Eine dritte Methode für fritierte Won-ton: Ein Teigblatt auf die linke Handfläche legen, leicht mit Wasser bestreichen, die Füllung in die Mitte setzen und den Teig wie ein Bündel darum zusammendrücken. Im siedenden Öl öffnen sich die Teigblätter etwas und nehmen eine schmetterlingsähnliche Form an.

◆ Die Won-ton 2 Minuten in kochendem Salzwasser garen, abtropfen lassen und in einzelnen Schalen anrichten.
◆ Die gewaschene und entstielte Brunnenkresse sowie einige grob zerstoßene Pfefferkörner dazugeben und mit der aufgewärmten Brühe übergießen.

Servieren

Won-ton in Brühe werden in China zu jeder Tageszeit serviert und gelten als ausgesprochene Köstlichkeit. Bei einem Abendessen mit mehreren Gängen geben sie ein ausgezeichnetes Zwischengericht ab, dem als Vorspeise vielleicht Frühlingsrollen und durchaus auch Won-ton, diesmal jedoch fritiert, vorausgehen könnten. In diesem Fall genügen pro Suppenschale 2 Teigtaschen.

Variationen

Fritierte Won-ton mit süss-saurer Sauce

Die Teigtaschen nach dem Basisrezept herstellen, etwa 5 Minuten in siedendem Öl goldgelb fritieren und zum Abtropfen auf Küchenpapier legen. In einer Schale 2 EL Zucker mit 3 EL Reisessig, 3 EL Tomatenmark, 3 EL Orangensaft, 1½ EL heller Sojasauce und 1 EL Maisstärke, in 5 EL Wasser aufgelöst, verrühren. Die süß-saure Sauce im Wok oder einer Kasserolle einige Minuten köcheln lassen, bis sie glasig wird und leicht eindickt. In eine Schale füllen und heiß zu den Won-ton servieren.

Gedünstete Won-ton

Die Teigtaschen nach dem Basisrezept, jedoch mit nachfolgend beschriebener Garnelenfüllung herstellen. 2 getrocknete Shiitake-Pilze in lauwarmem Wasser einweichen und feinstreifig schneiden, 1 Lauchstange in feine Scheiben schneiden. Beides in einer Kasserolle in 3 EL heißem Öl 1 Minute pfannenrühren. Die Won-ton mit ½ Glas Wasser hinzufügen und zugedeckt bei mäßiger Temperatur 10 Minuten dünsten. Heiß servieren und Sojasauce dazu reichen.

Won-ton mit Garnelenfüllung

200 g rohe, geschälte Garnelen (Darm entfernt) mit 100 g Bauchspeck, 1 EL Bambussprossen sowie je 1 EL kleingeschnittener Frühlingszwiebel und Wasserkastanien sehr fein hacken. Die Mischung mit 1 EL Maisstärke binden und salzen. Die Teigblätter damit füllen, die Won ton in Brühe garen oder dünsten. Für die Herstellung der Teigblätter siehe Basisrezept.

Gedämpfte Teigtaschen

Sie heißen CHIAO TZU und gehören zu den »dim-sum«, den in China so populären kleinen Snacks. Sie werden an Verkaufsständen entlang den Straßen angeboten und auch in den Teehäusern serviert, wo die Chinesen, gewöhnlich vormittags oder nachmittags, gern eine Tasse heißen Tee und dazu verschiedenerlei kleine Leckerbissen genießen. Am bekanntesten sind die für die Kanton-Küche typischen Teigtaschen aus Reismehl. Daneben gibt es viele Varianten, wie etwa die hier vorgestellte aus Nordchina. Das Dämpfen von Speisen, das die Geschmacks- und Nährstoffe schont, ist eine chinesische Erfindung.

Zutaten

Für 8 Personen
Für den Teig:
350 g Weizenmehl
600 ml kochendes Wasser
5 EL kaltes Wasser
Für die Füllung:
250 g Schweinelende
2 Frühlingszwiebeln
2 dünne Scheiben frischer Ingwer
200 g Chinakohl
120 g gekochte, geschälte Garnelen (Darm entfernt)
1 Prise Pfeffer
1 TL Salz
1 TL Zucker
1 EL helle Sojasauce
1 EL Wasser
Für die Sauce:
3 dünne Scheiben frischer Ingwer
5 EL heller Reisessig
2 EL helle Sojasauce

Garnelen: *Verwendet wird das ausgelöste Schwanzfleisch, das nach unterschiedlichen Größenklassen gehandelt wird. Garnelen sind frisch, tiefgekühlt und in Dosen im Handel. Je nach Region und Land werden sie auch Krabben, Shrimps, Prawns, Crevetten oder Gambas genannt.*

Mengenumrechnung

Personen	**4**	**10**	**12**
Weizenmehl	170 g	450 g	500 g
Kochendes Wasser	300 ml	750 ml	900 ml
Kaltes Wasser	2 1/2 EL	10 EL	10 EL
Für die Füllung:			
Schweinelende	130 g	370 g	500 g
Frühlingszwiebeln	1	3	4
Frischer Ingwer	1 dünne Scheibe	3 dünne Scheiben	4 dünne Scheiben
Chinakohl	100 g	300 g	400 g
Garnelen	60 g	180 g	240 g
Zucker	1/2 TL	1 1/2 TL	2 TL
Helle Sojasauce	1/2 EL	1 1/2 EL	2 EL
Für die Sauce:			
Frischer Ingwer	2 dünne Scheiben	4 dünne Scheiben	6 dünne Scheiben
Heller Reisessig	3 EL	8 EL	10 EL
Helle Sojasauce	1 EL	3 EL	4 EL

Chinakohl: *Er wird auch Pekingkohl oder, seiner länglichen Form und der weißlich-gelben Farbe wegen, Selleriekohl genannt. Mittlerweile ist er hierzulande in jedem gut sortierten Obst- und Gemüsegeschäft erhältlich.*

Alternativ: *Anstelle der Garnelen 200 g* ***Rindfleisch*** *und nur 150 g Schweinefleisch verwenden. 1 feingeschnittene Lauchstange unter die Füllung mengen.*

Frischer Ingwer: *In der chinesischen Küche wird er in der Regel in Scheiben geschnitten verwendet. Dafür so viel von dem Wurzelstock abbrechen oder abschneiden, wie gebraucht wird. Das Stück dünn schälen oder abschaben, in Form und anschließend in gleichmäßige Scheiben schneiden.*

Küchengeräte

• Sieb • Schüssel • Holzlöffel • Fleischwolf oder Küchenmaschine • chinesisches Küchenbeil • Holzbrett • Arbeitsfläche aus Holz oder Marmor • Rollholz • Bambusstäbchen • Kasserolle • Bambusdämpfkörbe mit Deckel

Zubereitung

◆ **Teig:** Das Mehl in eine große Schüssel sieben, mit dem kochenden Wasser übergießen, vermischen und 5 Minuten ruhen lassen.

◆ Das kalte Wasser hinzufügen und den Teig auf der Arbeitsfläche einige Minuten kneten, bis er glatt und fest, aber nicht hart ist. Ruhen lassen.

◆ **Füllung:** Das Schweinefleisch vom Fett befreien, fein würfeln und durch den Fleischwolf drehen. Frühlingszwiebeln und Ingwer fein hacken, den Chinakohl in feine Streifen schneiden und die Garnelen hacken. Alles mit dem Fleisch, dem Pfeffer, dem Salz, dem Zucker, der Sojasauce und dem Wasser in einer Schüssel gründlich vermengen. Die Füllung kalt stellen.

◆ Den Teig in 2–3 Portionen teilen, diese zu einer langen Rolle formen und in 2,5 cm lange Stücke schneiden.

◆ Die Teigstücke mit eingemehlten Händen zu Kugeln formen, mit den Händen flach drücken und zu dünnen Kreisen von etwa 7 cm Durchmesser ausrollen.

◆ Eine Teigscheibe auf die linke Handfläche legen und in die Mitte eine walnußgroße Menge der Füllung setzen. Die rechte Hälfte der Teigscheibe über die Füllung klappen, die linke Hälfte in Falten legen (dabei auch die linke Hand zu Hilfe nehmen) und an den rechten Teigrand andrücken.

◆ Die Teigränder mit den Fingern über der Füllung gut zusammendrücken.

◆ Die Teigtaschen in die Dämpfkörbe verteilen, diese schließen und 10 Minuten im Dampf eines wassergefüllten Wok oder Topf garen. Sie sind fertig, wenn der Teig glasig wird.

◆ **Sauce:** Den Ingwer in streichholzdicke Stifte schneiden, grob hacken, mit dem Essig und der Sojasauce vermischen. Diese Sauce zu den heißen gedämpften Teigtaschen reichen.

Servieren

Jeder Gast bekommt einen Korb mit 5–6 Teigtaschen, bei einer variantenreichen Mischung rechnet man pro Sorte 2–3 Stück. Dazu jeweils ein Schälchen mit der Essigsauce servieren. Die Teigtaschen mit den Stäbchen oder der Gabel aufnehmen, in die Sauce tunken und genießen. Nach Belieben auch eine kleine Flasche hellen Essig bereitstellen. Typisch für die Szetschuan-Küche ist eine Schale mit pikant gewürztem Öl, zubereitet aus 2 EL Chiliöl, 1 EL Sojasauce und je 1 EL gehacktem Knoblauch und Frühlingszwiebeln.

Variationen

Gebratene Teigtaschen

Die Teigtaschen nach dem Basisrezept herstellen. Im Wok 3 EL Öl erhitzen. Die rohen Teigtaschen nebeneinander hineingeben und bei hoher Hitze 2 Minuten bräunen. 300 ml heißes Wasser über den Wokrand einlaufen lassen und die Teigtaschen zugedeckt garen, bis das Wasser verkocht ist. Nochmals 1 EL Öl hinzufügen, die Teigtaschen noch 1 Minute braten und den Wok vom Herd nehmen. Eine Servierplatte auf die Teigtaschen legen und den Wok mit einem Schwung umdrehen. Die knusprig gebräunten Teigtaschen mit Essigsauce, nach dem Basisrezept zubereitet, servieren.

Shao mai mit Garnelen

Nach Basisrezept die halbe Teigmenge zubereiten, dünn ausrollen, Kreise mit 6–7 cm Durchmesser ausschneiden und mit einem feuchten Tuch abdecken. In einer Schüssel 8 blanchierte, ausgedrückte und feingehackte Salatblätter, 250 g rohe, feingehackte Garnelen, $1\frac{1}{2}$ EL Reiswein, 3 TL Sesamöl, 2 Prisen Salz, 1 Prise Pfeffer und 1 EL Maisstärke vermischen, walnußgroße Kugeln formen, auf die Teigblätter setzen und diese seitlich an die Füllung andrücken, so daß »Becher« entstehen. Die Shao mai 10 Minuten dämpfen und mit Essigsauce (wie Basisrezept), Sojasauce oder auch pur genießen.

Teigtaschen mit Gemüse-Nudel-Füllung

Den Teig nach dem Basisrezept zubereiten, dabei jedoch das Weizenmehl durch Reismehl mit niedrigem Kleberanteil ersetzen. 50 g Glasnudeln und 4 getrocknete Shiitake-Pilze in warmem Wasser einweichen und abgießen. Die Nudeln, die entstielten Pilze, 50 g rohe Möhren, 50 g Bambussprossen und 50 g Wirsing hacken, vermischen und mit 1 EL Maisstärke binden. Den Teig ausrollen, mit einem Glas oder Teigrädchen Kreise ausschneiden und nach dem Basisrezept gefüllte Teigtaschen herstellen. 10 Minuten dämpfen und mit Sojasauce, Essigsauce (wie Basisrezept) oder auch einfach mit Weißweinessig servieren.

Yangtschou-Reis

Der Kanton-Reis, wie er häufiger genannt wird, ist vermutlich die berühmteste Zubereitung der chinesischen Küche und überdies das Festgericht schlechthin. Neben den ohnehin schon zahlreichen Zutaten des Basisrezepts können weitere hinzukommen, zum Beispiel Wildpilze, Lotossamen, Chilischoten, grüne Bohnen und Flußkrebse (die es auch bei uns im Handel gibt). Im Grunde handelt es sich um eine reichhaltige Variante von gebratenem Reis.

Helle Sojasauce: *Sie ist aus Sesamsamen, Wasser und Salz hergestellt und besitzt einen salzigen Geschmack. Mittlerweile in jedem gut sortierten Supermarkt erhältlich.*

Frische Erbsen: *Sie sind sehr gut durch Tiefkühlware zu ersetzen, diese jedoch vor der Verwendung 2 Minuten blanchieren.*

Zutaten

Für 4 Personen
Für den gebratenen Reis:
1 ½ Tassen Langkornreis
2 Tassen (etwa 400 ml) Wasser
2 mittelgroße Zwiebeln
2 Scheiben Bauchspeck
1–2 Frühlingszwiebeln
3 Eier, 1 TL Salz
4 EL Erdnußöl
3 EL frisch gepalte Erbsen
Für den Yangtschou-Reis:
1 Rezept gebratener Reis
1 kleine rote Paprikaschote
1 mittelgroßer Zucchino
4 Champignons
60 g Sojasprossen
75 g größere Furchengarnelen
75 g kleinere Garnelen
3 EL Erdnußöl
2 EL Maiskörner aus der Dose
1 ½ EL helle Sojasauce

Mengenumrechnung

Personen	**6**	**8**	**10**
Für den gebratenen Reis:			
Reis	2 Tassen	3 Tassen	4 Tassen
Wasser	½ l	¾ l	1 l
Zwiebeln	3	4	5
Bauchspeck	3 Scheiben	4 Scheiben	5 Scheiben
Frühlingszwiebeln	2–3	3–4	4–5
Eier	4	5	7
Salz	1½ TL	2 TL	1½ EL
Erdnußöl	6 EL	8 EL	10 EL
Frische Erbsen	4 EL	6 EL	7 EL
Für den Yangtschou-Reis:			
Gebratener Reis	1½ Rezepte	2 Rezepte	2½ Rezepte
Rote Paprikaschoten	1 große	2 kleine	2 große
Zucchini	1 große	2 mittlere	2 große
Champignons	6	8	10
Sojasprossen	90 g	120 g	150 g
Furchengarnelen	100 g	150 g	200 g
Kleine Garnelen	100 g	150 g	200 g
Erdnußöl	5 EL	6 EL	7 EL
Maiskörner	3 EL	4 EL	5 EL
Helle Sojasauce	2½ EL	3 EL	4 EL

Garnelen: *Für dieses Rezept können tiefgefrorene, roh geschälte Garnelen verwendet werden, besser aber schmecken kleine, frische Nordseekrabben. Das »Pulen« nimmt zwar einige Zeit in Anspruch, doch der Aufwand lohnt sich.*

Küchengeräte

• Sieb oder Schale aus Weidengeflecht • Kasserolle • Schüssel • chinesisches Küchenbeil • Holzbrett • Bambus- oder Holzspatel • Bambusstäbchen • Wok

Alternativ: *Zwei Reisspezialitäten empfehlen sich als Ersatz für den gewöhnlichen Langkornreis: der* ***Patna-Reis*** *aus Übersee und der aus den Vorgebirgen des Himalaya stammende* ***Basmati-Reis*** *mit feinen Körnern und nussigem Aroma, der allerdings seinen Preis hat. Beide sind in gut sortierten Supermärkten zu bekommen.*

Zubereitung

◆ **Gebratener Reis:** Der Reis wird zunächst gekocht und anschließend gebraten. Den Reis in ein Sieb oder eine Schale aus Weidengeflecht geben und mehrmals unter fließendem Wasser waschen, dabei mit den Händen durchmischen, bis die Stärke ausgeschwemmt und das Wasser klar ist.

◆ Den Herd abschalten und den Reis zugedeckt weitere 10 Minuten quellen lassen, wobei er fertig gart und im Dampf trocknet. Den Reis zuletzt mit den Stäbchen auflockern. Gekochter Reis kann als Beilage zu jedem Gericht – mit einer warmen oder kalten Sauce serviert – oder auch wie folgt gebraten werden.

◆ Mit dem Wasser in eine Kasserolle geben, zugedeckt einmal aufkochen und dann bei niedrigster Temperatur 10 Minuten leise köcheln lassen. Den Deckel zwischendurch nicht lüften.

◆ Die Zwiebeln schälen und in dünne Scheiben, den Bauchspeck in feine Streifen schneiden. Die Frühlingszwiebeln längs halbieren und schräg in feine Streifen schneiden. Die Eier in eine kleine Schüssel geben und mit dem Salz verquirlen.

◆ 2 EL Erdnußöl im Wok erhitzen, den Bauchspeck mit den Zwiebelscheiben 1 Minute unter Rühren anbraten, die Erbsen 1 Minute mitgaren.

◆ Den Reis mit einem Spatel untermengen. Die Mischung nach 1 Minute aus dem Wok nehmen und beiseite stellen.

◆ 2 EL Erdnußöl im Wok erhitzen und die Frühlingszwiebeln 30 Sekunden pfannenrühren. Die verquirlten Eier hinzugießen und durch Schwenken des Woks bis zum Rand verteilen. Nach 1 Minute die fast gestockte Eimasse wie bei der Zubereitung von Rührei mit dem Spatel zerpflücken.

Mit der Sojasauce beträufeln und noch 1 Minute unter Rühren braten.

◆ Den gebratenen Reis hinzufügen und alles noch 1 Minute durchwärmen, dabei vorsichtig mit dem Spatel durchheben.

◆ Die Reismischung wieder zufügen und alles bei niedriger Temperatur 1 Minute unter ständigem Wenden mit dem Spatel erwärmen.

◆ Den gebratenen Reis als Beilage zu Fleisch-, Fisch- oder Gemüsegerichten servieren oder wie folgt weiterverarbeiten.

◆ **Yangtschou-Reis:**
Paprikaschote und Zucchino in ½ cm große Würfel schneiden. Die Champignons putzen, längs halbieren und feinblättrig schneiden.

◆ Die Sojasprossen unter fließendem lauwarmem Wasser abspülen. Die ausgelösten Schwänze der Furchengarnelen jeweils in 3–4 Stücke schneiden. Die kleinen Garnelen 1 Minute in kochendes Salzwasser geben, abtropfen lassen und auslösen.

◆ Das Erdnußöl im Wok erhitzen. Paprika- und Zucchinowürfel, Sojasprossen, beide Garnelenarten und die Maiskörner 1½ Minuten pfannenrühren.

Servieren

Reis wird in China als Beilage zu allen Gerichten serviert, und in vielen Regionen, vor allem im Süden, ersetzt er gänzlich das Brot. Er wird stets auf einer vorgewärmten Servierplatte aufgetragen. Jeder Gast bekommt eine Schale, die er mit Reis und dem Gericht seiner Wahl füllt. Während gekochter und gebratener Reis besonders zu Gerichten mit viel Sauce passen, wird der Yangtschou-Reis meist bei einem Essen mit zahlreichen verschiedenen Zubereitungen serviert.

Variationen

Shanghai-Reis

2 Tassen Reis in 2 Tassen Wasser kochen und ausquellen lassen. Inzwischen 450g Wirsingblätter in Quadrate von 4–5cm schneiden. 1 ½ EL getrocknete Shrimps in lauwarmem Wasser einweichen, abtropfen lassen und grob hacken. 200g chinesische Wurst schräg in feine Scheiben schneiden. Shrimps und Wirsing im Wok in 2 EL Erdnußöl anbraten, die Wurst und schließlich den Reis hinzufügen. Mit ½ Tasse Wasser ablöschen und zugedeckt bei niedriger Temperatur 15 Minuten dünsten. Als Hauptgericht oder, ohne die Wurst, als Beilage zu Fleischgerichten servieren.

Fünf-Farben-Reis

Je 50g Schweinelende, Schinken und ausgelöste Garnelenschwänze fein würfeln. 3 getrocknete Shiitake-Pilze in lauwarmem Wasser einweichen, abtropfen lassen und in Scheiben schneiden. 1 Zwiebel fein hacken, 50g Erbsen palen. Die Zwiebel im Wok in 3 EL heißem Erdnußöl 1 Minute anschwitzen. Fleisch, Schinken, Pilze, Garnelenschwänze und Erbsen zufügen und 2–3 Minuten pfannenrühren. Mit 1 EL Sojasauce ablöschen und weitere 30 Sekunden braten. Den Pfanneninhalt ausleeren und beiseite stellen. 2 EL Öl im Wok erhitzen, 2 Eier, mit 1 Prise Salz verschlagen, zugeben und unter Rühren stocken lassen. Die angebratenen Zutaten sowie 400g gekochten Reis zufügen, durchwärmen und servieren

Reis mit Garnelen und Gemüse

150g Garnelen schälen, 50g Champignons feinblättrig und 10 grüne Bohnen in Stückchen schneiden, 1 Möhre längs halbieren und quer in dünne Scheiben schneiden, ½ Frühlingszwiebel mitsamt dem Grün in feine Scheiben schneiden. In einer Schale 1 EL Reiswein, 1 EL helle Sojasauce sowie je ½ TL Salz und frisch gemahlenen Szetschuanpfeffer verrühren. Die Garnelen im Wok in 2 EL Erdnußöl 1 Minute pfannenrühren und herausnehmen. Weitere 2 EL Erdnußöl in den Wok geben, das Gemüse 3–4 Minuten pfannenrühren. Die Garnelen, die Sauce und 400g gekochten Reis hinzufügen, unter Rühren durchwärmen und servieren.

Eiernudeln der zehn Schätze

Die chinesische Küche kennt drei Sorten Nudeln: Nudeln aus Weizenmehl – mit und ohne Ei –, Reisnudeln und Soja- oder Mungobohnennudeln (*fenszu*, bekannt als Glasnudeln). Dieses Gericht zeichnet sich durch eine gelungene Kombination unterschiedlicher Geschmacksrichtungen aus und liefert damit ein gutes Beispiel für das Streben nach Harmonie und Ausgleich von Kontrasten, das die chinesische Kochkunst auszeichnet.

Fleisch: *Diese Zubereitung, bei der das Fleisch sehr rasch gegart wird, verlangt äußerst zartes Fleisch wie Filet oder Roastbeef. Einen besonders intensiven Geschmack erhält das Gericht, wenn anstelle von Rindfleisch Lamm verwendet wird. Anstelle von frischem Fleisch können auch Reste von gebratenem oder gekochtem Huhn oder Ente verwendet werden.*

Zutaten

Für 4 Personen
4 dünne Scheiben Bauchspeck
70 g Hühnerbrüstchen
70 g Rinderfilet
70 g Schweinelende
2 EL Maisstärke
2 Prisen Salz
1 Eiweiß
50 g zarte Bambussprossen
2 Stangen Bleichsellerie
4 getrocknete Shiitake-Pilze
2–3 Frühlingszwiebeln
70 g grüne Bohnen
5 EL Fleischbrühe
4 EL helle Sojasauce
300 g getrocknete Eierbandnudeln
4 EL Erdnußöl
40 g fetter Speck
1 EL Reiswein
1 TL Sesamöl

Mengenumrechnung

Personen	**6**	**8**	**10**
Bauchspeck	6 dünne Scheiben	8 dünne Scheiben	10 dünne Scheiben
Huhn, Rind und Schwein	je 100g	je 140g	je 170g
Maisstärke	3 EL	4 EL	5 EL
Eiweiß	1	2	2
Bambussprossen	75g	100g	125g
Bleichsellerie	3 Stangen	4 Stangen	5 Stangen
Shiitake-Pilze	6	8	10
Frühlingszwiebeln	4	5–6	6
Grüne Bohnen	100g	140g	170g
Fleischbrühe	7 EL	10 EL	12 EL
Helle Sojasauce	6 EL	8 EL	10 EL
Eierbandnudeln	450g	600g	750g
Erdnußöl	6 EL	8 EL	10 EL
Fetter Speck	60g	80g	100g
Reiswein	1½ EL	2 EL	2½ EL
Sesamöl	1½ EL	2 EL	2½ EL

Bambussprossen: *Sie zählen zu den bedeutendsten Gemüsepflanzen Ostasiens und werden in Plantagen angebaut. Die früh geernteten Wintersprossen sind besonders fein und zart, die späteren Frühlingssprossen werden mit einer Länge von ca. 30cm geerntet.*

Grüne Bohnen: *Außerhalb der Saison Tiefkühlware oder aber anderes Gemüse wie Zucchini, Blumenkohlröschen oder zarten Brokkoli verwenden. Auch gekochte Gemüsereste lassen sich bei diesem Gericht verwerten.*

Küchengeräte

- Holzbrett • chinesisches Küchenbeil • Schüssel
- Bambusstäbchen • Kasserolle • Wok • Seiher
- Bambus- oder Holzspatel • kleinere Pfanne

Alternativ: *Da chinesische Eierbandnudeln aus denselben Zutaten wie italienische Tagliatelle hergestellt werden, bilden diese – möglichst nicht getrocknet, sondern frisch – einen gleichwertigen Ersatz. Doch sind die chinesischen Nudeln in Asienläden und Feinkostabteilungen leicht zu bekommen.*

Zubereitung

◆ Den Bauchspeck von der Schwarte befreien und in feine Streifen schneiden. Hühnerbrüstchen, Rind- und Schweinefleisch in sehr dünne Scheiben und diese in feine Streifen schneiden. Um das Schneiden zu erleichtern, das Fleisch kurz ins Gefrierfach legen. Tiefgefrorenes Fleisch schneiden, bevor es völlig aufgetaut ist.
◆ Fleisch und Bauchspeck in einer Schüssel mit 1 EL Maisstärke und dem Salz bestreuen und durchmischen. Das Eiweiß leicht mit den Stäbchen verschlagen, zum Fleisch geben und mischen, bis es gleichmäßig damit überzogen ist.
◆ Die Bambussprossen, den Bleichsellerie und die 30 Minuten in lauwarmem Wasser eingeweichten Pilzhüte in Scheiben und dann in streichholzfeine Stifte schneiden. Die Frühlingszwiebeln schräg in feine Scheiben schneiden, dabei das Weiße und das Grün trennen.
◆ Die Bohnen putzen, schräg in 5–6 Stücke schneiden, 2 Minuten in wenig kochendem Salzwasser blanchieren und abtropfen lassen.

◆ In einer Schale 1 EL Maisstärke mit der kalten Fleischbrühe und 1 EL Sojasauce verrühren.
◆ In einem Topf reichlich Salzwasser zum Kochen bringen. Die Eierbandnudeln 4 Minuten kochen, abgießen und mit kaltem Wasser abschrecken.

◆ Das Erdnußöl im Wok erhitzen. Fleisch und Bauchspeck sowie das Weiße der Frühlingszwiebeln bei starker Hitze 2 ½ Minuten pfannenrühren. Zwei Drittel des Fleisches und Specks herausnehmen und beiseite stellen.
◆ Das Gemüse (ohne Grün der Frühlingszwiebeln) mit 15 g sehr fein gehacktem fettem Speck in den Wok geben und 2 Minuten braten, dabei mit dem Spatel rühren.
◆ Mit 2 EL Sojasauce und der Hälfte der angerührten Brühe ablöschen und noch 1 Minute garen.

◆ Die Nudeln in den Wok geben und 1–2 Minuten Geschmack annehmen lassen.

◆ In einer kleineren Pfanne den restlichen feingehackten fetten Speck erhitzen. Das Grün der Frühlingszwiebeln, das beiseitegestellte Fleisch und den Bauchspeck hinzufügen und alles bei hoher Temperatur 1 Minute pfannenrühren. 1 EL Sojasauce, die restliche Brühe, den Reiswein und das Sesamöl dazugeben, umrühren und die Sauce nach 30 Sekunden vom Herd nehmen

Servieren

Die Nudeln auf einer Servierplatte anrichten und die Sauce in die Mitte geben. Alternativ das Gericht in einzelnen Schalen servieren, dabei auf jede Portion Nudeln einen großzügigen Löffel Fleisch und Gemüse geben. Die Eiernudeln der zehn Schätze ergeben ein leichtes, sättigendes Mittag- oder Abendessen, ebenso einen Mitternachtssnack.

Variationen

Bandnudeln nach Art von Szetschuan

230 g mageres Schweinehack mit 1 TL Salz und 1 EL dunkler Sojasauce vermischen und in 200 ml Erdnußöl im Wok 4 Minuten braten. Auf Küchenpapier abfetten. 3 EL gehackten Knoblauch, 2 EL gehackten frischen Ingwer und 5 EL gehackte Frühlingszwiebeln im Wok in 2 EL frischem Öl 30 Sekunden anschwitzen. Je 2 EL Sesampaste, dunkle Sojasauce und Chiliöl, 1 TL Salz und 200 ml Hühner- oder Fleischbrühe dazugeben. Die Sauce 4 Minuten leise köcheln lassen. Inzwischen 350 g schmale Eierbandnudeln, 2 Minuten gekocht, untermischen. Das Fleisch zufügen und servieren.

Nudeln nach Bettler-Art

2 Frühlingszwiebeln grob hacken. In einer Schale 3 EL Reisessig mit 3 EL heller Sojasauce verrühren. In einer zweiten Schale 2 EL Erdnußbutter, 2 EL Sesampaste und 3 EL Sesamöl vermischen. 400 g dünne chinesische Weizenmehlnudeln ohne Ei oder italienische Spaghetti al dente kochen, abgießen und in 4–6 Reisschalen verteilen. Über jede Portion etwas rohe Frühlingszwiebel, 1 großen Löffel Erdnußsauce und 1 EL Essigsauce geben.

Chow mein mit Rindfleisch

300 g Rinderfilet in Scheiben schneiden, mit 1 EL Sojasauce und 2 Prisen Pfeffer würzen. 3 Scheiben Ingwer in feine Stifte, 2 Frühlingszwiebeln in Scheiben schneiden, das Weiße vom Grün trennen. Den Ingwer und das Weiße der Frühlingszwiebeln im Wok in 3 EL Erdnußöl angehen lassen, das Fleisch zugeben, rasch braten, herausnehmen und beiseite stellen. 350 g frische Eierbandnudeln 2 Minuten kochen. Im Wok 20 g gehackten fetten Speck in 1 EL Sojasauce, 1 EL Hoisin-Sauce und 2 EL Fleischbrühe köcheln, mit den Nudeln vermischen. Das Fleisch mit dem Grün der Frühlingszwiebeln in 2 EL Öl, 2 EL Reiswein und 1 EL Maisstärke, in 2 EL Wasser verrührt, 1 Minute im Wok durchwärmen, auf den Nudeln anrichten.

Sauer-pikante Suppe

In China werden Suppen als salziges Getränk zu den übrigen Gerichten serviert. Es kann sich um eine klare Brühe mit verschiedenen Einlagen handeln, die der kochendheißen Flüssigkeit ein besonderes Aroma verleihen, oder auch um gehaltvollere Suppen mit Fleisch oder Fisch, gebunden mit Maisstärke oder Ei. Bei einem besonders üppigen Essen werden mitunter auch mehrere Suppen serviert. Eine der bekanntesten ist die sauer-pikante Suppe, die in verschiedenen regionalen Varianten zubereitet wird. Sie ist sehr nahrhaft und damit wie geschaffen, um den Körper in der kalten Jahreszeit mit wohliger Wärme zu erfüllen.

Küchengeräte

• Kasserolle • Schaumkelle • Baumwoll- oder Mulltuch • 2 Schüsseln • Holzbrett • Sieb • chinesisches Küchenbeil • Bambusstäbchen • Schöpfkelle

Zutaten

Für 4 Personen:
2 EL getrocknete Wolkenohren
2 Shiitake-Pilze
100 g mageres Schweinefleisch
200 g Tofu
2 kleine Frühlingszwiebeln
1 l Hühnerbrühe
2 EL helle Sojasauce
2 EL dunkler Reisessig
1 Prise Zucker
1 Prise gemahlener weißer Pfeffer
Salz
1 EL Sesamöl
1 EL Maisstärke
2 EL lauwarmes Wasser
1 Ei

Für die Brühe:
2 l Wasser
1 kg Hühnerkarkassen oder
1/2 zerteiltes Huhn
4 Scheiben frischer Ingwer

Frischer Tofu: *Ebenso geeignet ist getrockneter Tofu. Beide sind in Naturkostläden, Reformhäusern und asiatischen Lebensmittelgeschäften erhältlich. Alternativ kann man Tofu aus Sojamehl auch selbst herstellen, doch wird er nicht so fest, so daß er nicht in der Suppe mitgekocht (und auch nicht gebraten) werden kann.*

Getrocknete Wolkenohren *(ganz links): Auch als »Chinesische Morcheln« oder »Mu-err« bekannt, sind sie in der chinesischen Küche die meistverwendeten Pilze nach den Shiitake. Die auf Bäumen wachsenden graubraunen Pilze sind in asiatischen Spezialitätengeschäften erhältlich und werden für Brühen und Saucen verwendet. Durch Zugabe einiger Shiitake erhält die sauer-pikante Suppe ein intensiveres Aroma.*

Mengenumrechnung

Personen	**6**	**8**	**10**
Wolkenohren	3 EL	4 EL	5 EL
Shiitake-Pilze	3	4	5
Schweinefleisch	150 g	200 g	250 g
Tofu	300 g	400 g	500 g
Frühlingszwiebeln	3	4	5
Hühnerbrühe	1 1/2 l	2 l	2 1/2 l
Sojasauce	3 EL	4 EL	5 EL
Reisessig	3 EL	4 EL	5 EL
Zucker	2 Prisen	2 Prisen	3 Prisen
Weißer Pfeffer	2 Prisen	2 Prisen	3 Prisen
Sesamöl	1 1/2 EL	2 EL	2 1/2 EL
Maisstärke	1 1/2 EL	2 EL	2 1/2 EL
Eier	2	2	3
Für die Brühe:			
Wasser	3 l	4 l	5 l
Hühnerkarkassen	1 1/2 kg	2 kg	2 1/2 kg
Ingwer	4 Scheiben	8 Scheiben	10 Scheiben

Zubereitung

◆ Bei diesem Rezept wird zunächst die Brühe zubereitet. Dafür das Wasser in einem Topf zum Kochen bringen. Die Hühnerkarkassen oder -teile und die Ingwerscheiben hineingeben.

◆ Aufkochen lassen, mit einer Schaumkelle abschäumen und bei niedriger Temperatur $1\frac{1}{2}$ Stunden leise köcheln lassen. Ein Sieb mit einem angefeuchteten Baumwoll- oder Mulltuch auslegen und die Brühe durchseihen. Das Hühnerfleisch für ein Gericht mit feinen Eierbandnudeln oder gebratenem Reis verwenden.

◆ Die beiden Pilzsorten 15 Minuten in lauwarmem Wasser einweichen und abtropfen lassen. Die Shiitake von den harten Stielen befreien und alle Pilze in feine Streifen schneiden.

◆ Das Schweinefleisch in dünne Scheiben und dann in streichholzfeine Stifte schneiden, ebenso den Tofu. Die Frühlingszwiebeln hacken.

◆ Die Brühe in einer Kasserolle erhitzen. Die zerkleinerten Zutaten mit der Sojasauce, dem Essig, dem Zucker, dem Pfeffer, etwas Salz und dem Sesamöl hinzufügen.
◆ Die Maisstärke in lauwarmem Wasser anrühren, so daß keine Klümpchen mehr vorhanden sind, in die Suppe gießen und bei niedriger Temperatur einige Minuten mit dem Holzlöffel rühren. Die Suppe, sobald sie leicht, aber nicht zu stark eingedickt ist, wieder zum leichten Köcheln bringen.
◆ Inzwischen das Ei in einer Schale mit den Bambusstäbchen kräftig verquirlen. Das Ei zur Suppe geben und, wenn es nach etwa 30 Sekunden gestockt ist, mit den Stäbchen zu unregelmäßigen Flocken zerpflücken. Die Kasserolle erst jetzt vom Herd nehmen.

Servieren

Die sauer-pikante Suppe wird, kochendheiß und mit feinen Frühlingszwiebelringen bestreut, in einzelnen Schalen mit den typischen Porzellanlöffeln serviert. Die klassische Beilage ist gekochter Reis, auf kleinen ovalen Servierplatten gereicht. Sollen mehrere Suppen gleichzeitig serviert werden, bereiten Sie gleich eine entsprechend große Menge Brühe zu und nehmen sie für die folgenden Varianten.

Variationen

Gemüsesuppe mit Fleischklösschen

100 g Schweinelende und 100 g Bauchspeck, beides durch den Fleischwolf gedreht, mit 1 EL gehacktem Ingwer, 1 gehackten Frühlingszwiebel, 1 EL Sesamöl, 1 EL Reiswein und 2 EL Maisstärke vermengen. Die Masse salzen und walnußgroße Klößchen formen. 1 Möhre und 1 Zucchino in Stücke, 1 Lauchstange in Scheiben, 50 g Bambussprossen in streichholzdicke Stifte und 4 getrocknete Shiitake, 20 Minuten in lauwarmem Wasser eingeweicht, in feine Streifen schneiden. Das Gemüse und die Klößchen 30 Minuten in 1 ½ l leichter Hühnerbrühe garen. Die Suppe mit Sesamöl nach Geschmack verfeinern und servieren.

Fischsuppe aus Peking

200 g Seeteufelfilet in feine Scheiben schneiden, salzen, mit ½ EL Maisstärke bestauben und durch ein leicht verquirltes Eiweiß ziehen. Die Scheiben 1 Minute in siedendem Öl fritieren und zum Abtropfen auf Küchenpapier geben. 1 l Hühnerbrühe aufkochen. 1 EL gehackten Ingwer, 1 gehackte Knoblauchzehe, 1 gehackte Frühlingszwiebel und 6 Zuckerschoten, in Rauten geschnitten, hineingeben. Den Fisch, 3 EL Reisessig, 2 Prisen gemahlenen Szetschuanpfeffer und Salz nach Geschmack hinzufügen. Nach 3 Minuten die Suppe vom Herd nehmen, in Schalen füllen und servieren.

Suppe mit Eiern und Tomaten

1 l Hühnerbrühe zum Kochen bringen. 2 Tomaten blanchieren, häuten, entkernen und das Fruchtfleisch klein schneiden. Zusammen mit 50 g feingewürfeltem Tofu in die Brühe geben und 5 Minuten kochen. 2 verquirlte Eier in die heiße Brühe einlaufen lassen und nach einem kurzen Augenblick mit Stäbchen energisch verrühren. Nach 30 Sekunden 1 gehackte Frühlingszwiebel, 1 EL Reiswein und 1 EL Sesamöl in die Suppe geben, salzen und pfeffern. Die Suppe in Schalen füllen und servieren.

Gedämpfter Fisch in Lotosblättern

Fisch nimmt in der chinesischen Küche einen hohen Stellenwert ein. Um seine Frische zu erhalten, wird er möglichst kurz und schonend gegart. Zur geschmacklichen Abrundung kommen Wein, Essig und Ingwer zur Verwendung. Bevorzugt wird Fisch gedämpft, wobei ihm eine Hülle aus Lotosblättern ein einmaliges, feines Aroma verleiht.

Lotosblätter: *Sie stammen von einer der symbolträchtigsten Pflanzen der fernöstlichen Kultur. Die großen, rundlichen Blätter mit ihrem unverwechselbaren Duft werden getrocknet in asiatischen Spezialitätengeschäften angeboten. Ersatzweise kann Alufolie verwendet werden.*

Chilischoten: *Für dieses Rezept ist jede Sorte geeignet. Die Schoten längs aufschneiden, die Samen und die weißen Scheidewände entfernen. Anschließend sofort gründlich die Hände waschen, um Hautreizungen – vor allem an den Augen – durch Übertragung zu vermeiden.*

Zutaten

Für 4 Personen
2 getrocknete Lotosblätter
1 Rotbrassen von etwa 800 g
1 1/2 EL dunkle Sojasauce
Für die Sauce:
70 g chinesische Gemüse-Pickles
2 Chilischoten
3 Scheiben frischer Ingwer
2 Frühlingszwiebeln
3 EL Erdnußöl
2 EL helle Sojasauce
2 TL Zucker
2 EL Reiswein
6 EL (50 ml) Hühner- oder Gemüsebrühe

Mengenumrechnung

Personen	**6**	**8**	**10**	**12**
Getrocknete Lotosblätter	4	4	6	6
Rotbrassen	2	2 große	3	3 große
Dunkle Sojasauce	2 EL	3 EL	4 1/2 EL	6 EL
Für die Sauce:				
Chinesische Gemüse-Pickles	140g	140g	210g	210g
Chilischoten	4	4	6	6
Frischer Ingwer	6 Scheiben	6 Scheiben	9 Scheiben	9 Scheiben
Frühlingszwiebeln	4	4	6	6
Erdnußöl	6 EL	6 EL	9 EL	9 EL
Helle Sojasauce	4 EL	4 EL	6 EL	6 EL
Zucker	3 TL	1 EL	1 1/2 EL	1 1/2 EL
Reiswein	4 EL	4 EL	6 EL	6 EL
Hühner- oder Gemüsebrühe	100ml	1/8 l	150ml	200ml

Chinesische Gemüse-Pickles: *Verschiedene Gemüse, etwa Gurken, Sellerie, Ingwer u. ä., werden zerkleinert und in Lake eingelegt. Die Pickles sind in zahlreichen verschiedenen Varianten in Dosen erhältlich. Der Ingwer verleiht ihnen einen kräftig-pikanten Geschmack.*

Alternativ: *Ideal für dieses Rezept und in China besonderes beliebt ist* ***Karpfen****. Er zeichnet sich durch festes, fettes Fleisch und kräftige Gräten aus, die beim Dämpfen weicher werden. Alternativ eignen sich auch* ***Goldbrassen*** *oder* ***Großer Geißbrassen*** *mit ähnlichen Qualitäten wie der Rotbrassen. In jedem Fall kommt es auf Frische an, erkennbar an klaren, nicht eingesunkenen Augen, festem Fleisch, glänzenden Schuppen und roten Kiemen.*

Küchengeräte

• Scharfes Gemüsemesser • chinesisches Küchenbeil • Holzbrett • Schüssel • Wok • Spatel • Dämpfeinsatz aus Bambus oder ovaler elektrischer Dämpftopf • Küchengarn

Zubereitung

◆ Die Lotosblätter 10 Minuten in eine Schüssel mit warmem Wasser legen.

◆ Den Fisch schuppen: Am Schwanzende fassen, über eine Lage Zeitungspapier halten und die Schuppen mit einer glatten Messerklinge in Richtung Kopf abschaben. Beim Brassen Vorsicht bei der ausgeprägten Rückenflosse mit ihren spitzen Gräten.

◆ Den Fisch mit einem Küchenmesser oder einer Schere vom After bis unter die Brustflossen aufschneiden, ausnehmen, innen und außen gründlich waschen und mit Küchenpapier trockentupfen. Innen und außen mit der dunklen Sojasauce einreiben.

◆ Die chinesischen Pickles abtropfen lassen, die Chilischoten von Samen und Scheidewänden befreien. Beides zusammen mit dem Ingwer und den Frühlingszwiebeln in feine Streifen schneiden.

◆ Das Erdnußöl im Wok erhitzen und das zerkleinerte Gemüse 1 Minute unter Rühren anbraten.

◆ Die helle Sojasauce mit dem Zucker, dem Reiswein und der Brühe gründlich verrühren. In den Wok geben und $^1/_2$ Minute kochen.

◆ Die Lotosblätter abtropfen lassen, mit einem Tuch sorgfältig trockentupfen und übereinanderlegen.

◆ Den Dämpfeinsatz in den Wok geben, diesen bis unterhalb des Einsatzes mit heißem Wasser füllen und zum Kochen bringen.
◆ Den Fisch in der Hülle auf den Einsatz legen. Den Wok mit einem Deckel oder Alufolie verschließen und den Fisch in 25 Minuten gar dämpfen.

◆ Den Fisch in die Mitte legen und mit der Hälfte des angebratenen Gemüses und der Sauce überziehen.
◆ Vorsichtig drehen – damit der Fisch nicht beschädigt wird, am besten die Blätter leicht anheben – und das restliche Gemüse mit der Sauce auf der zweiten Seite verteilen.
◆ Erst das eine, dann das andere Lotosblatt über den Fisch legen, zu einem luftdichten Päckchen verschließen und mit Küchengarn umbinden.

Servieren

Den Fisch in der Hülle auf eine Servierplatte legen, das Garn entfernen, die Blätter aufklappen und die Ränder unter den Fisch schieben. Mit einer Beilage aus gekochtem Reis als Hauptgericht für 4 Personen servieren. Bei einem größeren Essen mit weiteren Zubereitungen reichen die angegebenen Zutatenmengen für 6 Personen.

Variationen

»Eichhörnchen«-Fisch

1 küchenfertigen Großen Geißbrassen ziselieren, mit Salz, Pfeffer und 1 EL gehacktem Ingwer würzen und mit Maisstärke einmehlen. 2 EL Wolkenohren und 6 Shiitake-Pilze ohne Stiel in Scheiben, 2 Frühlingszwiebeln in Stücke, 25 g Bambussprossen in feine Scheiben schneiden. Den Fisch in 3/4 l Erdnußöl fritieren, 4 Minuten bei mittlerer, 2 Minuten bei hoher Temperatur. Dabei krümmt sich das Schwanzende wie bei einem Eichhörnchen. Pilze, Bambussprossen und Frühlingszwiebeln 1 Minute in 2 EL Öl im Wok pfannenrühren. 3 EL Sojasauce, 1 EL Zucker, 2 EL Reiswein, 2 EL Reisessig und 4 EL Fleischbrühe hinzufügen, 1 Minute kochen, über den Fisch geben.

Geschmorter Fisch mit heisser Essigsauce

1 küchenfertig vorbereiteten Goldbrassen innen und außen mit Salz, Pfeffer und 1/2 EL gehacktem Ingwer, mit 1 EL Erdnußöl verrührt, würzen. 3 Scheiben frischen Ingwer, 40 g Bambussprossen, 1/2 rote Paprikaschote, 1 Möhre, 1 Chilischote und 2 Frühlingszwiebeln in streichholzgroße Stifte schneiden. Den Fisch im Wok in 3 EL Öl 2 1/2 Minuten anbraten und warm stellen. Das Gemüse 1 Minute in 2 EL Öl pfannenrühren. Mit 2 EL heller Sojasauce, 3 EL Reisessig und 3 EL Brühe aufkochen lassen. Den Fisch in die Sauce legen. Nach 3 Minuten 3 EL Essig und 1/2 EL Maisstärke, in 2 EL Wasser aufgelöst, einrühren. Den Fisch mit der eingedickten Sauce überziehen und servieren.

Fritierte Fischhappen süss-sauer

600 g Fischfilet, zum Beispiel von Flußbarsch, Wolfsbarsch, Seehecht oder Seeteufel, in 6 cm lange »Fischstäbchen« schneiden. Aus 1 Ei, 100 g gesiebtem Mehl und 2 EL Wasser einen Backteig herstellen und die Fischstücke hineingeben. Im Wok in 2 EL Öl 1 zerdrückte Knoblauchzehe sowie 5 Scheiben Ingwer und 1 Frühlingszwiebel, beides in streichholzdicke Stücke geschnitten, pfannenrühren. 2 EL Tomatenmark, mit 2 EL Reiswein verrührt, 5 EL Essig, 3 EL Zucker, 1 TL Maisstärke, 1 TL Salz und 2 EL Wasser hinzufügen. Die Sauce eindicken lassen. Inzwischen die Fischhappen in siedendem Öl fritieren, abtropfen lassen, mit der Sauce überziehen und servieren.

Garnelen in pikanter Sauce mit Reiswolken

Eine der beliebtesten Zutaten der chinesischen Küche und auch im Westen ein begehrter Leckerbissen sind Riesengarnelen, hier die Radgarnelen. Bei dieser Zubereitung werden sie rasch gegart, wodurch sie einmalig zart und saftig bleiben. Eine mit Chillies und Ingwer pikant gewürzte Sauce und knuspriger Reis runden den Genuß ab.

Reiswein: *Er wird aus Reis gewonnen, hat einen Alkoholgehalt von 15–20%-Vol., eine bernsteingelbe Farbe und einen charakteristischen, je nach Sorte trockenen oder lieblichen Geschmack. In China wird er häufig zum Aromatisieren der Speisen verwendet, aber auch bei einem Bankett oder zum Abschluß einer Mahlzeit gereicht. In Fernostläden erhältlich und nötigenfalls durch einen guten, trockenen Sherry zu ersetzen.*

Ingwer: *Es handelt sich um das Rhizom einer Pflanze, die in der gesamten östlichen Welt angebaut wird. Ingwer besitzt einen sehr aromatischen Geschmack mit pikanter Schärfe. Er wird nicht nur in Asienläden, sondern ebenso von Gemüsehändlern frisch angeboten. Gemahlener Ingwer ist kein angemessener Ersatz, da ein Teil der Aromastoffe bei der Verarbeitung verlorengeht.*

Küchengeräte

• Küchenmesser • Küchenpapier • Schüssel
• chinesisches Küchenbeil • Wok • Holzbrett
• Holz- oder Bambusspatel • Bambusstäbchen

Zutaten

Für 4 Personen
450 g Radgarnelen
1 Eiweiß
1 EL Reiswein
1½ TL Salz
1½ EL Maisstärke
2 Scheiben frischer Ingwer
3 zarte Frühlingszwiebeln
2 getrocknete Chilischoten
1 grüne, scharfe Pfefferschote
150 ml Erdnußöl
1½ TL Zucker
1 EL Tomatenmark
3 EL Fleischbrühe
1 EL Essig
2 TL Maisstärke, verrührt in
2 EL Wasser
1 EL Sesamöl

Alternativ: *Anstelle der Radgarnelen frische oder tiefgefrorene* ***Scampi*** *verwenden. Die Verarbeitung erfolgt nach Basisrezept. Köpfe und Scheren sind als Grundlage für eine Fischsuppe geeignet, die im Anschluß an das Garnelengericht serviert wird.*

Mengenumrechnung

Personen	**6**	**8**	**10**	**12**
Radgarnelen	700 g	900 g	1¼ kg	1½ kg
Eiweiß	1	2	2	3
Reiswein	2 EL	2 EL	2½ EL	3 EL
Maisstärke	2 EL	3 EL	4 EL	4½ EL
Frischer Ingwer	3 Scheiben	4 Scheiben	5 Scheiben	6 Scheiben
Zarte Frühlingszwiebeln	4–5	6	7–8	9
Getrocknete Chilischoten	3	4	5	6
Grüne Pfefferschoten	2	3	4	5
Erdnußöl	¼ l	300 ml	400 ml	450 ml
Zucker	2 TL	3 TL	4 TL	4½ TL
Tomatenmark	1½ EL	2 EL	2½ EL	3 EL
Fleischbrühe	5 EL	6 EL	8 EL	9 EL
Essig	1½ EL	2 EL	2½ EL	3 EL
Maisstärke, verrührt in	3 TL	4 TL	5 TL	6 TL
Wasser	3 EL	4 EL	5 EL	6 EL
Sesamöl	1½ EL	2 EL	2½ EL	3 EL

Radgarnelen: *Möglichst die graue Art verwenden, die auch im Mittelmeer gefischt wird, sie schmeckt besonders aromatisch. Zu empfehlen sind auch die afrikanischen Tiger Prawns, die tiefgefroren angeboten werden. Achtung: Weiches Fleisch ist ein Indiz für mangelnde Frische oder deutet darauf hin, daß die Ware schon zu lange aufgetaut ist. Ein harter, dicker Panzer hingegen ist ein Garant für nicht zu junge und somit schön fleischige Exemplare.*

Zubereitung

◆ **Garnelen:** Das Kopfteil vom Schwanzteil abdrehen, das Fleisch aus dem Schwanzteil auslösen, jedoch den Schwanzfächer daranlassen. Am Rücken einschneiden und den dunklen Darm entfernen. Die Garnelen in Salzwasser waschen und zum Abtropfen auf Küchenpapier legen.

◆ Ingwer, Frühlingszwiebeln und Chilischoten grob hacken. Die Pfefferschote längs halbieren, Samen und Scheidewände entfernen und das Fruchtfleisch hacken.

◆ Das Erdnußöl im Wok erhitzen und die abgetropften Garnelen 2 Minuten braten. Zum Aufsaugen des Fettes auf Küchenpapier legen.

◆ In einer Schüssel das Eiweiß mit dem Reiswein, 1 TL Salz und der Maisstärke verquirlen. Die Garnelen darin 10 Minuten marinieren.

◆ Das Öl bis auf 2 EL abgießen. Erneut erhitzen und Ingwer, Frühlingszwiebeln, Pfeffer- und Chilischoten 30 Sekunden braten.

◆ Den Zucker, das Tomatenmark, die Fleischbrühe, den Essig und 1/2 TL Salz hinzufügen und 15 Sekunden rühren.

◆ Die gebratenen Garnelen in die Sauce geben und 30 Sekunden unter Rühren schmoren. Die im Wasser aufgelöste Maisstärke und das Sesamöl in die Sauce einrühren. Alles noch einige Sekunden vermischen. Den Wok vom Herd nehmen.

◆ 1 Glas Erdnußöl im Wok kräftig erhitzen. Die zusammengeklebten Reisreste braten, bis sie goldgelb und knusprig sind. Zum Abtropfen auf Küchenpapier legen.

Ein nützlicher Tip

Wenn keine zusammengeklebten Reisreste zur Verfügung stehen, 150 g weißen Reis kochen und im Topf völlig trocknen lassen. Nach dem Abkühlen wie bei der Anleitung für die Reiswolken vorgehen.

◆ **Reiswolken:** Benötigt wird Reis, der nach dem Kochen am Topfrand »klebt«. Nach dem Abkühlen in Stücken ablösen und bis zur Verwendung in den Kühlschrank stellen.

Servieren

Die Reiswolken auf eine Servierplatte geben, die Garnelen darauf anrichten und reichlich Sauce darüber verteilen. Sofort servieren, damit die Reiswolken schön knusprig bleiben. Dieses Gericht harmoniert vorzüglich mit den meisten Fleisch-, Fisch- und Gemüsezubereitungen der chinesischen Küche. Anstelle der Reiswolken kann einfacher gekochter oder auch gebratener Reis, wie auf Seite 36 beschrieben, gereicht werden.

Variationen

GEKOCHTE KANTON-GARNELEN MIT 2 SAUCEN

500 g frische Garnelenschwänze waschen und ungeschält in kochendem Salzwasser 2 Minuten garen. Bei abgeschaltetem Herd noch 1 Minute ziehen lassen, abgießen. Für die erste Sauce 1 Frühlingszwiebel, 3 feine Scheiben frischen Ingwer und 2 entsamte Chilischoten fein hacken. In einer Kasserolle 3 EL Öl erhitzen, über die gehackten Zutaten gießen und mit 2 EL Sojasauce, 1 EL Reis- oder Weinessig und 1/2 EL Sesamöl abrunden. Für die zweite Sauce 1 EL geriebenen Ingwer mit 3 EL Essig vermischen. Die Saucen separat servieren. Jeder schält seine Garnelen selbst und tunkt sie in die Sauce seiner Wahl.

GARNELEN FU-YUNG

2 kleine Scheiben Ingwer fein hacken und mit 200 g ausgelösten Garnelen und 2 TL Maisstärke vermischen. 2 Frühlingszwiebeln mitsamt dem Grün hacken. In einer Schüssel 5 Eiweiß verschlagen und die Hälfte der Frühlingszwiebeln hinzufügen. Im Wok 2 EL Erdnußöl erhitzen, die Garnelen 1 Minute pfannenrühren und mit 1 EL Reiswein ablöschen. Abtropfen lassen und ins Eiweiß geben. Im Wok 3 EL frisches Öl erhitzen, die Garnelen mit dem Eiweiß hineingeben und 1 Minute braten. Die restlichen Frühlingszwiebeln hinzufügen und 1 Minute mitgaren. Das Gericht mit gekochtem Reis oder zu anderen Fleisch- oder Gemüsegerichten mit Sauce servieren.

KRISTALL-GARNELEN

350 g Garnelen nach dem Basisrezept auslösen und vorbereiten. Mit 1 1/2 EL Maisstärke, Salz, Pfeffer, 1 Prise Zucker, 1 TL Erdnußöl und 1 Eiweiß vermischen. Die Garnelen im Wok in reichlich Erdnußöl etwa 2 Minuten braten und auf Küchenpapier abtropfen lassen. Das Öl bis auf 1 1/2 EL abgießen. Den Wok erneut aufsetzen. 2 Scheiben Ingwer und 3 Frühlingszwiebeln, beides gehackt, sowie 4 EL Erbsen, 5 Minuten in kochendem Salzwasser gegart, 30 Sekunden pfannenrühren. Mit 1 1/2 EL Reiswein und 3 EL Fleischbrühe ablöschen. Sobald die Sauce aufkocht, die Garnelen hineingeben, nach Geschmack salzen, 1 Minute durchmischen und servieren.

HONAN-HUHN AUF REIS

Da Huhn sich so vielseitig zubereiten und kombinieren läßt, nimmt es in der chinesischen Küche eine Favoritenrolle ein. Zwar mögen andere Zubereitungen, etwa das Huhn mit Mandeln, bekannter sein, doch vermittelt das hier vorgestellte Gericht, stellvertretend für eine Reihe weiterer Rezepte, wahrscheinlich ein klareres Bild vom kulinarischen Geist Chinas. Es stammt aus Honan, einer Region in der Mitte des riesigen Reiches, wo man gern pikant ißt, und bedarf, da es sehr reichhaltig ist, keiner weiteren Beigaben.

Schnittlauch: *Er besitzt einen zwiebelähnlichen, jedoch milderen Geschmack. Er wird hier als Ersatz für den würzigeren Chinesischen Lauch (Nira) verwendet, der in unseren Breiten schwer erhältlich ist.*

Sprossenbrokkoli: *Wenn die großen Blütenknospen auf den fleischigen Stielen abgeerntet sind, wachsen kleine Sprossen an den Seiten nach. Ersatzweise eine große Brokkoliblüte klein zerteilen.*

Zutaten

Für 4 Personen
1 Huhn von 1 ½ kg
Salz
gemahlener schwarzer Pfeffer
4 kleine Zwiebeln
400 g Sprossenbrokkoli
2 Brühwürfel für Hühnerbouillon
450 g Langkornreis
1 ½ TL Sesamöl

Für die Sauce:
4 Knoblauchzehen
1 Bund Schnittlauch
4 EL Sojasauce
1 EL Chiliöl

Mengenumrechnung

Personen	**6**	**8**	**10**	**12**
Huhn	1–2 kg	1–2 kg	2 kleine	2 große
Salz	nach Bedarf	nach Bedarf	nach Bedarf	nach Bedarf
Schwarzer Pfeffer	nach Bedarf	nach Bedarf	nach Bedarf	nach Bedarf
Zwiebeln	6 kleine	8 kleine	10 kleine	12 kleine
Sprossenbrokkoli	500 g	600 g	800 g	1 kg
Brühwürfel für Hühnerbouillon	2	3	4	4
Langkornreis	500 g	600 g	800 g	800 g
Sesamöl	2 TL	2 TL	3 TL	3 TL
Für die Sauce:				
Knoblauch	4 Zehen	6 Zehen	8 Zehen	8 Zehen
Schnittlauch	1 Bund	1 großes Bund	2 Bund	2 Bund
Sojasauce	6 EL	8 EL	10 EL	12 EL
Chiliöl	1 1/2 EL	2 EL	2 1/2 EL	3 EL

Sojasauce: *Es stehen zwei verschiedene Grundtypen zur Wahl: die dunkle, fast dickflüssige Tamari, zubereitet aus Sojabohnen, Salz und Wasser, und die helle, milde Shoyu, die aus Sojabohnen, geröstetem Weizen und Salz besteht.*

Chiliöl: *Das mit Chilischoten aromatisierte Pflanzenöl gibt es als Fertigprodukt in Asienläden zu kaufen. Ersatzweise können vergleichbare westliche Erzeugnisse verwendet werden, oder man stellt das würzige Öl selbst her: 5–6 scharfe, zerbröselte Chilischoten in 1/4 l Öl etwa 2 Wochen ziehen lassen. Das Öl zuletzt filtern.*

Küchengeräte

• Schweres Kochmesser oder Hackmesser • Holzbrett • Sieb • große Kasserolle • Schaumkelle • chinesisches Küchenbeil • mittelgroße Kasserolle • Schüssel • Rührlöffel

Alternativ: *In den Wintermonaten kann der Sprossenbrokkoli durch die entsprechende Menge gewöhnlichen Brokkoli oder auch* ***Schnittmangold*** *oder* ***Spinat*** *ersetzt werden.*

Zubereitung

◆ Das Huhn innen und außen waschen, trockentupfen, in 6 Teile zerlegen und diese jeweils in 5 mundgerechte Stücke schneiden. Da diese Arbeit recht aufwendig ist und das Durchtrennen der Knochen ein schweres Hackmesser erfordert, läßt man sie am besten gleich vom Metzger erledigen. Gut darauf achten, daß alle Knochensplitter entfernt sind.

◆ Die Hühnerstücke rundum mit dem Salz und dem Pfeffer einreiben.

◆ In einen großen Topf mit kochendem Wasser geben, nach 3 Minuten herausnehmen und das Wasser weggießen.

◆ Die Zwiebeln in feine Scheiben schneiden. Mit 1 3/4 l Wasser und dem Huhn in einen Topf geben, sprudelnd aufkochen lassen und bei niedriger Temperatur in 45 Minuten garen.

◆ Den Sprossenbrokkoli putzen, von groben Blättern befreien, die Stengel ganz dünn schälen und in kleine Stücke schneiden. Den Kohl zusammen mit den zerbröselten Brühwürfeln zum Huhn geben und weitere 5 Minuten garen. Mit dem Gemüse aus der Brühe nehmen und beiseite stellen.

◆ Den Reis unter fließendem Wasser waschen, mit der gleichen Menge Wasser (450 ml) in einen mittelgroßen Topf geben und zugedeckt zum Kochen bringen. Nach 6 Minuten den Herd abschalten und den Reis noch 10 Minuten quellen lassen.

◆ Drei Viertel der Brühe aus dem Topf abgießen und für die Zubereitung der Suppe beiseite stellen. Den vorgekochten Reis in die restliche Brühe schütten und noch 10 Minuten bei mittlerer Temperatur garen, bis die Flüssigkeit aufgesogen ist.

◆ 2 Minuten vor Ende der Garzeit das Huhn mit dem Gemüse zum Aufwärmen auf den Reis geben.

◆ **Sauce:** In einer Schale den feingehackten Knoblauch, die Hälfte des gehackten Schnittlauchs, die Sojasauce und das Chiliöl vermischen und über die Hühnchenstücke geben.

Suppe: Die beiseitegestellte Brühe erhitzen, mit dem restlichen Schnittlauch und dem Sesamöl aromatisieren.

Servieren

Den Reis in eine vorgewärmte Keramik- oder Steingutschüssel geben, das Huhn mit dem Gemüse darauf anrichten und mit der pikanten Sauce übergießen. Separat dazu in einzelnen Schalen die kochendheiße Brühe servieren, die zwischendurch und vor allem zum Abschluß der Mahlzeit getrunken wird.

Variationen

Peking-Huhn in Sauce »Capital«

450 g Hühnerbrüstchen fein würfeln, mit 1 EL Maisstärke bestauben, salzen und in 1 verschlagenen Eiweiß wenden. In einer Kasserolle 3 Scheiben frischen Ingwer in 6 EL Wasser kochen, bis die Flüssigkeit auf die Hälfte reduziert ist. Das Ingwerwasser durchseihen. 6 EL Erdnußöl im Wok erhitzen und das Hühnerfleisch 1 Minute braten. Das Öl abgießen, das Ingwerwasser mit 2 EL gelber Bohnenpaste, 1 EL Reiswein, 1 EL Zucker, 1 EL heller Sojasauce und 1 EL Maisstärke, in 2 EL Wasser verrührt, in den Wok geben und alles glattrühren. Das Hühnerfleisch mit 1 TL Sesamöl in die Sauce geben. Mit gekochtem Reis oder auch ohne Beilage als Vorspeise servieren.

Huhn mit Cashewkernen

200 g Hühnerbrüstchen fein würfeln, mit 2 Prisen Salz und 1 TL Maisstärke bestreuen und in 1 leicht verquirlten Eiweiß gründlich wenden. Das Fleisch im Wok in 6 EL Öl braten und mit einer Schaumkelle herausnehmen. Das Öl abgießen und 2 EL frisches Öl in den Wok geben. 50 g Cashewkerne 30 Sekunden rösten. 1 TL gehackten Knoblauch, 100 g Bambussprossen und 2 grüne Paprikaschoten, in kleine Quadrate geschnitten, hinzufügen. Nach 2 Minuten das Hühnerfleisch in den Wok geben und durchwärmen. Aus 1 EL gelber Bohnenpaste, 1 EL Zucker, 1/2 EL Reisessig, 1 EL Reiswein und 2 Prisen Salz eine Sauce rühren und über das Fleisch gießen. Alles noch einmal erwärmen und servieren.

Huhn mit Maiskölbchen

250 g feingewürfeltes Hühnerfleisch mit 1 EL Maisstärke, 2 Prisen Salz und 1/2 verschlagenen Eiweiß vermischen. 6 eingelegte Maiskölbchen längs halbieren, je 100 g Bambussprossen und gekochten Schinken fein würfeln, 50 g Erbsen palen, 100 g Champignons in Scheiben schneiden. Für die Sauce 1 TL Salz, 1 TL gemahlenen schwarzen Pfeffer, 1 TL helle Sojasauce, 4 TL Fleischbrühe, 1/2 TL Zucker, 2 EL Reiswein und 2 EL Maisstärke, aufgelöst in 3 EL Wasser, vermischen. Das Hühnerfleisch im Wok in 4 EL Erdnußöl 30 Sekunden anbräunen und mit dem Gemüse und Schinken noch 1 Minute braten. Die Sauce hinzufügen, 30 Sekunden rühren und den Herd abschalten.

Duftende Ente

Die Chinesen sind Meister in der Kunst, aus Ente festliche Delikatessen zuzubereiten. Und als solche kommt sie auch nur zu besonderen Anlässen auf den Tisch. Weltweit berühmt ist die Peking-Ente, doch ist ihre Zubereitung, die genau festgelegten Regeln folgt, so aufwendig und zeitraubend, daß selbst Chinesen diese Spezialität lieber im Restaurant essen. Einfacher und dennoch besonderer Gelegenheiten würdig ist hingegen die duftende Ente, serviert mit einer Beilage aus Gemüse, dünnen Pfannkuchen und Sauce. Bei einigen Varianten des Rezepts wird die Ente nicht in der Sauce gekocht, sondern im Ofen gebraten oder mariniert und gedämpft. Hier eine schnelle Version, die auch mit wenig Kocherfahrung gelingt.

Sternanis: *Dieses intensive, zugleich süß und pikant schmeckende Küchengewürz ist im gesamten Fernen Osten – vor allem als Zutat für Fleisch- und Fischgerichte – seit jeher sehr beliebt. Hierzulande ist es in Gewürzhandlungen und Delikatessengeschäften zu bekommen. Verwendet wird die gesamte Frucht, im Mörser oder Mixer fein zerkleinert. In fest verschließbaren Behältern aufbewahren.*

Zutaten

Für die Ente:
6 EL Zucker
10 EL Sojasauce
4 EL helle Bohnenpaste
6 EL Reiswein
1/2 TL frisch gemahlener schwarzer Pfeffer
1/2 TL Fünf-Gewürz-Pulver
1 1/2 l Fleischbrühe
6 Scheiben frischer Ingwer
6 Sternanis
1 Ente von etwa 2 kg
Erdnußöl zum Fritieren

Für das Gemüse:
1 kleines Bund zarte Frühlingszwiebeln
1 Gurke

Für die Sauce:
2 EL Erdnußöl
7–8 EL helle Bohnenpaste
3 EL Zucker
3 EL Wasser
1 TL Sesamöl

Für die Pfannkuchen:
450 g Mehl
1/4 l lauwarmes Wasser
Erdnußöl
1/2 EL Zucker

Schwarzer Pfeffer: *Obwohl die chinesische Küche üblicherweise den milderen, aber aromatischeren Szetschuanpfeffer bevorzugt, kommt schwarzer Pfeffer in beinahe allen Zubereitungen mit Ente zur Verwendung. Frisch gemahlen, entfaltet er einen besonders intensiven Geschmack.*

Helle Bohnenpaste (Miso): *Diese milde Mischung wird aus fermentierten Sojabohnen, Mehl, Zucker und Gewürzen hergestellt und ist süßlich im Geschmack. Sie kann durch Hoisin-Sauce (= chinesisches Ketchup) ersetzt werden.*

Fünf-Gewürz-Pulver: *Die für die chinesische Küche typische Gewürzmischung enthält Szetschuanpfeffer, Sternanis, Fenchelsamen, Nelken und Zimt. Das bräunlich-rote Pulver, auch »China-Gewürz« genannt, ist in Asienläden fertig zu kaufen oder auch selbst herzustellen: Die genannten Gewürze zu gleichen Teilen mischen und mahlen. In einem fest verschlossenen Gefäß aufbewahren.*

Küchengeräte

• Teigschüssel • Schöpfkelle • große Kasserolle • 2 Spatel • Wok • Pfanne mit Antihaft-Beschichtung • Geflügelschere • scharfes Messer • kleine Kasserolle • Rollholz • Arbeitsfläche aus Holz oder Marmor • Holzbrett • Bambusdämpfkorb mit Deckel oder Topf mit Dämpfeinsatz • Bambusstäbchen

Zubereitung

◆ **Ente:** In einer Schale den Zucker, die Sojasauce, die helle Bohnenpaste, den Reiswein, den Pfeffer und das Fünf-Gewürz-Pulver verrühren. Die Mischung mit der Fleischbrühe, dem Ingwer und dem Sternanis in eine große Kasserolle geben und umrühren.

◆ Die sorgfältig gewaschene und trockengetupfte Ente in die Brühe geben, aufkochen lassen und anschließend bei niedriger Temperatur 2 Stunden leise köchelnd garen.

◆ Aus der Flüssigkeit nehmen, gut abtropfen und abkühlen lassen.

◆ Die Ente entlang dem Brustbein in 2 Hälften zerteilen.

◆ Im Wok reichlich Öl erhitzen. Die sorgfältig abgetrocknete Ente etwa 10 Minuten fritieren, bis sie goldbraun und knusprig ist. In gleichmäßige Stücke zerteilen, kurz auf Küchenpapier abfetten und auf einer vorgewärmten Servierplatte anrichten.

◆ Während die Ente in der Brühe gart, das Gemüse, die Sauce und die Pfannkuchen zubereiten.

◆ **Gemüse:** Frühlingszwiebeln und Gurke in gleichmäßige, etwa 4cm lange Stifte schneiden und, damit sie knackig bleiben, in eiskaltes Wasser legen.

◆ **Sauce:** Das Erdnußöl in einer kleinen Kasserolle erhitzen, die Bohnenpaste hineingeben und 2–3 Minuten rühren. Den Zucker und das Wasser hinzufügen und weitere 2–3 Minuten rühren. Das Sesamöl einrühren und den Topf vom Herd nehmen.

◆ **Pfannkuchen:** Das Mehl in eine große Schüssel sieben, in die Mitte eine Mulde drücken und das lauwarme Wasser, etwas Erdnußöl und den Zucker hineingeben. Mit den Stäbchen das Mehl in die flüssigen Zutaten einarbeiten. Den Teig auf die Arbeitsfläche geben und einige Minuten kneten, bis er nicht mehr klebt. Falls nötig, weiteres Mehl einarbeiten.

◆ Aus dem Teig 2 Rollen formen, diese in jeweils 8–10 gleich große Stücke schneiden und daraus mit den Händen schöne Kugeln rollen.

◆ Die Teigkugeln mit den Händen flach drücken. Die Hälfte der Fladen mit Öl einstreichen, jeweils einen nicht geölten, etwa gleich großen Fladen darauflegen und auf der mehlbestaubten Arbeitsfläche zu einem Durchmesser von etwa 15cm ausrollen.

Ein nützlicher Tip

Falls das Auseinanderziehen der beiden Pfannkuchen nicht recht klappen will, einfache Pfannkuchen dünn ausrollen und von beiden Seiten nur jeweils etwa $^3/_4$ Minute braten.

◆ Eine Pfanne mit Antihaft-Beschichtung ohne Zugabe von Fett erhitzen. Die Pfannkuchen nacheinander einlegen und jeweils von beiden Seiten je $1^1/_2$ Minuten braten, bis sie auf der Oberfläche dunklere Blasen zeigen. Aus der Pfanne nehmen und die beiden Pfannkuchen sogleich vorsichtig auseinanderziehen.

◆ Nach Belieben schon jetzt zu Tüten rollen oder aber zunächst zu Hälften und dann zu Vierteln falten, mit einem feuchten Tuch abdecken und warm stellen. Die restlichen Pfannkuchen genauso zubereiten.

◆ Kurz vor dem Servieren die Pfannkuchen einige Minuten im Dämpfer aufwärmen, wobei sie gleichzeitig wieder weich werden.

Servieren

In China liefert Ente den Glanzpunkt eines Menüs aus vielen Gerichten, wird also häufig mit Zubereitungen auf Gemüse-, Fleisch-, Fisch- und Nudelgrundlage kombiniert. Zur duftenden Ente und auch zur Peking-Ente gibt es jedoch, da sie mit Gemüse und Pfannkuchen serviert werden, nicht die traditionelle Schale Reis. Jeder Gast gibt 1 TL Sauce auf einen Pfannkuchen, legt darauf 1–2 Gurkenstifte, 1 Stück Frühlingszwiebel und 1 Stück Ente, schlägt die Pfannkuchenränder darüber, legt die Rolle an einem Ende um, damit die Füllung nicht herausrutscht, und führt das Ganze zum Mund. Wenn bereits Tüten gefaltet wurden, werden diese nur noch gefüllt.

Variationen

Ente mit Senf und Sojasauce

Etwa 400g Entenbrust in 5cm lange und 2,5cm breite Streifen, 3 Lauchstangen in 2,5cm lange Stücke, 3 Ingwerscheiben in feine Stifte schneiden. 2 Knoblauchzehen zerdrücken. Den Ingwer im Wok in 3 EL heißem Öl 10 Sekunden braten. Das Entenfleisch mit 1 TL Salz zufügen, 1 Minute braten, herausnehmen, beiseite stellen. Lauch und Knoblauch 1½ Minuten braten, herausnehmen, beiseite stellen. 1 EL Öl, 2 TL Sojasauce, 2 TL Zucker, 2 EL Fleischbrühe und 2 EL scharfen Senf in den Wok geben, aufkochen lassen, das Fleisch mit dem Lauch zugeben und 30 Sekunden rühren. Mit gekochtem Reis servieren.

Fritierte Ente

2 Entenbrüste von jeweils etwa 200g 3 Minuten in kochendem Wasser garen, abtropfen lassen und trockentupfen. In einer Schüssel 5 EL Maisstärke mit 2 EL Mehl, etwas Trockenhefe und 1 Ei vermischen. Nach Basisrezept, jedoch mit halben Zutatenmengen die Brühe zum Garen der Ente ansetzen, aufkochen lassen und die Ente etwa 20 Minuten garen. Abtropfen und erkalten lassen. Die Stücke längs halbieren, durch den Backteig ziehen und etwa 5 Minuten im Wok in Erdnußöl fritieren. Auf Küchenpapier abtropfen lassen, jeweils in 4–5 Stücke teilen und heiß mit der Sauce des Basisrezepts servieren.

Geschmorte Ente

Die Ente 5 Minuten in kochendes Wasser geben, abtropfen lassen, trockentupfen, mit Sojasauce einpinseln und ½ Stunde ruhen lassen. Im Wok in 4 EL Erdnußöl anbräunen. Die Ente mit 2 in Stücke geschnittenen Frühlingszwiebeln, 6 dünnen Scheiben Ingwer, gehackt, 2 EL Sojasauce, 3 EL Reiswein und einigen EL Wasser in eine Kasserolle geben. Zugedeckt bei niedriger Temperatur 2 Stunden schmoren. Im Wok 300g feingewürfelte Bambussprossen in 2 EL Öl andünsten. Die Ente mit dem durchgeseihten Schmorfond, ½ EL Zucker, 1 EL Sesamöl, Salz und einigen EL Wasser hineingeben. Nach 30 Minuten die Sauce mit 1 TL Speisestärke, in 2 TL Wasser verrührt, binden. Die Ente in Stücke teilen und servieren.

Schweinefleisch süss-sauer

Das aus Südchina stammende Gericht ist allen Liebhabern der chinesischen Küche wohlbekannt. Es besticht durch die gelungene Kombination von zartem Schweinefleisch mit knackigem Gemüse und vereint auf reizvolle Weise ganz gegensätzliche Aromen. Das Rezept liefert ein anschauliches Beispiel für die vielfältigen Einsatzmöglichkeiten des Woks, in dem zunächst das Fleisch fritiert, dann in frischem Öl das Gemüse pfannengerührt und zuletzt die Sauce zubereitet wird. Schweinefleisch spielt in der chinesischen Küche übrigens eine so bedeutende Rolle, daß es als »Fleisch« schlechthin bezeichnet wird, während alle anderen Fleischsorten genau mit ihren Eigennamen benannt werden.

Mehl mit Hefezusatz: *Es handelt sich um gewöhnliches Weizenmehl, dem bereits Hefe beigemengt ist. Ersatzweise die Mischung aus 1 Messerspitze Trockenhefe auf 6 EL Mehl selbst herstellen.*

Küchengeräte

• Chinesisches Küchenbeil • Holzbrett
• 2 Schalen • Schneebesen • Wok • Bambusstäbchen
• Schaumkelle • Holz- oder Bambusspatel
• Küchenpapier

Ananas: *Wer das Gericht weniger süß bevorzugt, verwendet ohne Zuckerzusatz konservierte oder auch frische Ananas. Letztere muß jedoch voll ausgereift sein, was unter anderem an der gelben Schale zu erkennen ist. Sie muß am Stilansatz intensiv duften.*

Zutaten

Für 4–6 Personen
2 Scheiben Ananas aus der Dose
1 grüne Paprikaschote
1 rote Paprikaschote
1 kg Schweinelende
1/2 EL Maisstärke
Für den Backteig:
3 EL Maisstärke
3 EL Mehl mit Hefezusatz
1 TL Salz, 1 Ei
etwa 400 ml Erdnußöl zum Fritieren

Für die Sauce:
2 EL Zucker
3 EL Reisessig
3 EL Tomatenmark
3 EL Orangensaft
1 1/2 EL Sojasauce
1 1/2 EL Maisstärke, verrührt in
4 EL kaltem Wasser
2 EL Erdnußöl

Alternativ: *Die beiden Ananasscheiben durch 80 g* ***Bambussprossen*** *ersetzen und diese in feine Scheiben oder wie die Ananas in kleine Würfel schneiden.*

Essig: *Chinesischer Essig wird aus Reis gewonnen und in zwei Varianten angeboten: Die eine ist transparent und farblos, die andere dunkel, ähnlich wie Sojasauce. Ersatzweise kann Weißwein- oder Apfelessig verwendet werden.*

Mengenumrechnung

Personen	**8**	**10**	**12**
Ananas	3 Scheiben	4 Scheiben	5 Scheiben
Grüne Paprika	1	2	2 große
Rote Paprika	2	2	2 große
Schweinelende	1,4 kg	1,8 kg	2,2 kg
Maisstärke	nach Bedarf	nach Bedarf	nach Bedarf
Für den Backteig:			
Maisstärke	6 EL	7 1/2 EL	9 EL
Mehl mit Hefe	6 EL	7 1/2 EL	9 EL
Salz	2 TL	2 1/2 TL	3 TL
Eier	2	2 große	3
Für die Sauce:			
Zucker	3 EL	4 EL	5 EL
Reisessig	4 1/2 EL	6 EL	7 1/2 EL
Tomatenmark	4 1/2 EL	6 EL	7 1/2 EL
Orangensaft	4 1/2 EL	6 EL	7 1/2 EL
Sojasauce	2 EL	3 EL	3 1/2 EL
Maisstärke, verrührt in	2 EL	3 EL	3 EL
Wasser	4 EL	6–8 EL	6–8 EL

Zubereitung

◆ Die Ananas fein würfeln. Die Paprikaschoten längs halbieren, Samen, Scheidewände und Stielansätze entfernen, das Fruchtfleisch in Streifen und dann in Quadrate schneiden.

◆ Das Fleisch vom Fett befreien, in etwa 2 cm dicke Scheiben und dann in Würfel schneiden. Mit der Maisstärke bestauben.

◆ **Backteig:** In einer Schüssel die Maisstärke, das Mehl mit Hefezusatz, das Salz und das Ei mit dem Schneebesen zu einem lockeren Teig schlagen, er soll vollkommen glatt sein. Falls er zu dickflüssig ist, noch 1 EL Eiweiß untermischen.

◆ Das Erdnußöl im Wok erhitzen. Inzwischen das Fleisch in kleinen Portionen nacheinander in den Backteig geben und mit Stäbchen so darin wenden, daß alle Stücke ringsum gleichmäßig überzogen sind.

◆ Das Fleisch ins siedende Öl geben und 3–4 Minuten fritieren. Jeweils nur etwa 10 Stücke gleichzeitig verarbeiten, damit die Öltemperatur nicht zu stark absinkt.
◆ Die fritierten Stücke zum Aufsaugen von überschüssigem Fett auf Küchenpapier legen.
◆ **Sauce:** In einer Schale den Zucker, den Reisessig, das Tomatenmark, den Orangensaft, die Sojasauce und die in Wasser aufgelöste Maisstärke verrühren.
◆ Das Fritieröl ausgießen, den Wok mit Küchenpapier auswischen und das frische Erdnußöl darin erhitzen. Die Paprikaschoten mit der Ananas (oder Bambussprossen) 1–2 Minuten pfannenrühren.
◆ Die Sauce dazugeben und 3 Minuten kochen, bis sie glasig wird und eindickt. Das Fleisch hinzufügen, noch 1 Minute unter ständigem Wenden aufwärmen und das Gericht servieren.

Servieren

Das Schweinefleisch süß-sauer auf einer vorgewärmten runden oder ovalen Servierplatte oder auch portionsweise anrichten. Dazu einfach gekochten Reis oder, wenn es sich um ein Menü aus mehreren Gerichten handelt, gebratenen oder Yangtschou-Reis (siehe Seite 36) servieren.

Variationen

Schweinefleisch mit milden Chilischoten

450g mageres Schweinefleisch in 1cm große Würfel schneiden und in 1 EL heller Sojasauce, 1 EL Reiswein, 2 EL Sesamöl und 1 Prise Salz marinieren. 250g milde grüne Chilischoten in Ringe schneiden. Das Fleisch im Wok in 2 EL Erdnußöl 1 Minute pfannenrühren, abtropfen lassen und beiseite stellen. 1 EL Erdnußöl mit 3 EL gehacktem Knoblauch, den Pfefferschoten, 1 TL Szetschuanpfeffer und 1 TL Chilipulver in den Wok geben und 30 Sekunden rühren. 3 EL Wasser, 1 EL Reiswein, 1 EL helle Sojasauce und 2 TL Zucker hinzufügen und weitere 30 Sekunden rühren. Das Fleisch 1 Minute in der Sauce erwärmen, mit gekochtem Reis servieren.

Schweinefleisch mit Auberginen

400 g Schweinelende in feine Streifen, 2 lange Auberginen in dicke Scheiben schneiden. Die Auberginen in 2–3 Portionen im Wok in reichlich Erdnußöl goldgelb fritieren und auf Küchenpapier abfetten. Das Öl bis auf 3 EL abgießen. Das Fleisch mit je 2 EL gehacktem Knoblauch und Ingwer und 1 EL gehackter Frühlingszwiebel ½ Minute unter Rühren braten. 2 EL dunkle Sojasauce, 3 EL Reiswein, 3 EL dunklen Reisessig, 1 EL braunen Zucker, 1 EL zerstoßenen Szetschuanpfeffer und 2 TL Chilipulver hinzufügen und alles 2 Minuten garen. 120ml Gemüse- oder Hühnerbrühe angießen und weitere 3 Minuten kochen. Die Auberginen 2 Minuten in der Sauce durchwärmen und das Gericht mit gekochtem Reis servieren.

Schweinefleisch mit Lauch und Sojasprossen

400 g Schweinelende in Streifchen schneiden und in 2 EL heller Sojasauce, 1 EL Reiswein und 1 TL Maisstärke marinieren. 300 g Sojabohnensprossen blanchieren und gut abtropfen lassen. 2 kleine Zwiebeln in dünne Scheiben und 4 Scheiben Ingwer in streichholzfeine Stifte schneiden, 1 Lauchstange längs halbieren und in 3–4 cm lange Stücke schneiden. Zwiebeln und Ingwer im Wok in 3 EL Öl anschwitzen, das Fleisch zufügen und 3 Minuten pfannenrühren. Herausnehmen und beiseite stellen. 1 EL Öl in den Wok geben, Lauch und Sojasprossen 2 Minuten pfannenrühren, das Fleisch zugeben und 2 Minuten unter Rühren durchwärmen, mit Salz abschmecken.

Mongolischer Feuertopf

Bei diesem geselligen Essen steht auf dem Tisch ein mit Brühe oder Wasser gefüllter Messingtopf, der in der Mitte einen Schornstein hat und von einem darunterstehenden Spiritusbrenner seine Hitze bekommt. Er heißt HUO KUO. Früher glühte Holzkohle in dem Schornstein des Messingbeckens und hielt die Kochtemperatur der Flüssigkeit. Um den Topf herum stehen Schälchen mit verschiedenen rohen Zutaten. Man nimmt mit den Stäbchen ein Stück daraus auf, taucht es kurz ins heiße Wasser und dann in eine der bereitstehenden Saucen. Je reichhaltiger das Angebot an Zutaten, desto mehr Geschmack entwickelt die Brühe, die zuletzt in die Schalen der Gäste verteilt wird. Vermutlich entwickelte sich dieses Essen, das um 1600 in Peking aufkam, aus der Tradition einiger Mongolenstämme, die sich am Abend um das Lagerfeuer versammelten und in ihren umgedrehten Helmen das Wasser erhitzten, in dem sie dann ihre Speisen garten. Zuletzt schlürften sie die gehaltvolle Brühe.

Zutaten

Für 4–6 Personen
1½ kg Lammkarree
1 kleiner Chinakohl
3 Frühlingszwiebeln
450 g schmale Eierbandnudeln
100 g Glasnudeln
1 frisches Ei pro Gast
2 l Wasser oder leichte Fleischbrühe
4 Scheiben frischer Ingwer
1½ TL Salz
Sauce Nr. 1:
10 EL helle Sojasauce
2 EL feingehackte Frühlingszwiebeln
1 EL feingehackter Knoblauch
1 EL Erdnußöl
Sauce Nr. 2:
8 EL heller Reisessig
2 EL feingehackter Ingwer
Sauce Nr. 3:
6 EL Sesampaste (Tahin)
2 EL Sesamöl
2 EL Wasser
1 EL helle Sojasauce
1 EL Chilisauce

Eierbandnudeln:
Ersatzweise ein heimisches Erzeugnis verwenden.

Lammkarree: *Beim Metzger ein Stück mit einem mindestens 4–5 cm dicken Filet verlangen. In der Fleischabteilung großer Supermärkte mit ihrem breiten Angebot sind solche Stücke noch am leichtesten zu finden.*

Alternativ: *Auch alle* ***anderen Fleischsorten*** *eignen sich zum Garen in der Brühe, ebenso* ***Fisch*** *in dünnen Scheiben, zum Beispiel Seeteufel, Seehecht, Wolfsbarsch, frischer Lachs oder Forelle oder auch*

ausgelöste und küchenfertig vorbereitete ***Krustentiere****. Verschiedene* ***Gemüsesorten*** *wie Spinat, Mangold, Wirsing und Zuckerschoten sowie die in den Variationen auf Seite 88 genannten Zutaten bereichern die Geschmackspalette zusätzlich.*

Glasnudeln: *Sie sind sehr fein, durchscheinend und in Chinaläden gebündelt erhältlich. Es gibt kleine Bündel in Portionsgröße und größere von etwa 200 g.*

Küchengeräte

- Kleines Ausbeinmesser • chinesisches Küchenbeil
- Bambusdämpftöpfe • Holzbrett • 2 Töpfe
- große Servierplatte • 3 Schalen • Bambusstäbchen
- Mongolischer Feuertopf mit kleinen Drahtsieben

Zubereitung

◆ Mit dem Ausbeinmesser an Rippen und Rückgrat entlangschneiden und die Lende mit dem Filet auslösen. Am besten lassen Sie dies gleich vom Metzger erledigen. Das Fleisch in Alufolie wickeln und vor dem Aufschneiden mindestens 30 Minuten ins Gefriergerät legen. Achtung: Dies ist nur bei Fleisch möglich, das nicht schon einmal aufgetaut wurde.

◆ Das Fleisch mit dem Küchenbeil in papierdünne Scheiben schneiden.

◆ Den Chinakohl längs halbieren, jede Hälfte längs dritteln, die Stücke in je 4 Abschnitte teilen und 2 Minuten dämpfen.

◆ Die Frühlingszwiebeln putzen und schräg in 4cm lange Stücke schneiden.

◆ Die beiden Nudelsorten separat 3 Minuten in kochendem Wasser garen. Abgießen, mit kaltem Wasser abbrausen und in 2 Schüsseln füllen.

Sauce Nr. 1

◆ **Saucen:** Sie werden im voraus wie folgt zubereitet: In einer Schale die helle Sojasauce mit den gehackten Frühlingszwiebeln, dem Knoblauch und dem Erdnußöl verrühren. In einer zweiten Schale den hellen Reisessig mit dem feingehackten Ingwer vermischen. In einer dritten Schale die Sesampaste mit dem Sesamöl, dem Wasser, der hellen Sojasauce und der Chilisauce verrühren.

◆ In einzelnen Schalen, der Anzahl der Gäste entsprechend, mit den Stäbchen je 1 Ei verquirlen.

◆ Das Fleisch, den Chinakohl und die Hälfte der Frühlingszwiebeln auf einer großen Servierplatte oder einzelnen Tellern anrichten.

◆ Das Wasser oder die leichte Fleischbrühe aufkochen und in den aufgeheizten Feuertopf gießen. Die Ingwerscheiben mit den restlichen Frühlingszwiebeln hineingeben und 1 Minute ziehen lassen.

◆ Die Palette der Zutaten kann, wie bereits auf Seite 85 unter »Alternativ« beschrieben, nach Belieben variiert oder erweitert werden.

Sauce Nr. 2

Sauce Nr. 3

Servieren

Den mit heißem Wasser oder Brühe gefüllten Feuertopf in die Tischmitte stellen. Darum herum die Platte mit den rohen Zutaten, die Saucen und die Nudelschüsseln anordnen. Jeder Gast bekommt neben einem Paar Bambusstäbchen und einem speziellen kleinen Drahtsieb einen kleinen Teller und eine Schale mit verquirltem Ei. Man gibt eine Fleischscheibe in das Sieb, taucht dies 1–2 Minuten in die kochende Flüssigkeit, danach ins Ei und schließlich in eine der Saucen. Wenn das Fleisch etwa zur Hälfte verzehrt ist, einen Teil des Gemüses und der Nudeln in die inzwischen aromatische Brühe geben, einige Minuten garen lassen, mit den Drahtsieben entnehmen und mit den Saucen genießen. Das übrige Fleisch zubereiten und zum Abschluß den Rest der Nudeln und des Gemüses in die Brühe geben. Die Suppe mit den Einlagen in die einzelnen Schalen verteilen, nach Belieben mit Sauce würzen und genießen.

Variationen

Hackfleischbällchen

400 g Schweinehack mit 1 verquirlten Ei, 2 EL gehacktem Lauch, 1/2 TL Salz, 1 Prise Pfeffer und 2 EL Maisstärke vermengen. Aus drei Viertel des Fleischteigs walnußgroße Bällchen formen und in kochendheißes Erdnußöl tauchen. Den Herd sofort abschalten und nach 3 Minuten wieder einschalten. Die Hackfleischbällchen herausnehmen, sobald sie leicht gebräunt sind. In den Feuertopf geben, bis sie aufgewärmt sind und ihre Würze an die Brühe abgegeben haben, mit einer der Saucen genießen. Den restlichen Fleischteig nach dem folgenden Rezept verarbeiten.

Hackfleischrolle in Ei

1 Ei, 1 Prise Salz und 1 Prise Pfeffer gründlich miteinander verquirlen. In einer großen Pfanne mit Antihaft-Beschichtung ohne Zugabe von Fett ein dünnes Omelett zubereiten. Auf ein Schneidbrett legen, den restlichen Fleischteig gleichmäßig darauf verteilen und aufrollen. Die Rolle in Backpapier oder Alufolie einwickeln und 8 Minuten dämpfen. Lauwarm in 1 cm dicke Scheiben schneiden und diese im Feuertopf wieder erwärmen.

Mongolisches Fischfondue

300 g Filet vom Wolfsbarsch, Kabeljau oder einem anderen Fisch mit weißem, festem Fleisch in Rauten schneiden. 2 gesäuberte Tintenfische in 4–6 Stücke teilen und das Fleisch mehrmals kreuzweise einschneiden. Die Stükke 1 Minute in kochendes Salzwasser tauchen, abtropfen lassen und mit dem Fisch auf einer Platte anrichten. Pro Person 2–3 frische, ungeschälte Garnelenschwänze mit einem scharfen Messer am Rücken aufschneiden, entdarmen und zum Fisch auf die Platte geben. Feine Lauchscheiben und frische Spinatblätter hinzufügen. Zum Fondue die Saucen des Mongolischen Feuertopfs reichen.

Mischgemüse aus dem Wok

Eine Gemüsezubereitung kann bei einem einfachen Essen als Hauptgericht dienen oder im Rahmen eines umfangreichen Menüs als farbliche und geschmackliche Abrundung serviert werden. Abgesehen von einigen Besonderheiten, wie zum Beispiel Shiitake-Pilzen, unterscheiden sich die verwendeten Gemüsesorten nicht wesentlich von den bei uns üblichen. Spargel, bei diesem Rezept eine Hauptzutat, fand erst in jüngerer Zeit Zugang zur chinesischen Küche – gewissermaßen als westlicher Beitrag zur größten Kochtradition des Orients.

Sesamöl: *Den Gerichten am Ende des Garvorgangs in kleinen Mengen hinzugefügt, entfaltet dieses dunkle, dickflüssige Öl ein intensives Aroma. Es ist in Naturkost-, Fernostläden und Reformhäusern erhältlich.*

Paprikaschoten: *Ihre leuchtenden Farben machen sie gerade für Salate so begehrt. Doch sind die Farben nicht etwa verschiedene Sorten, sondern lediglich unterschiedliche Reifestadien. Die unreifen grünen Schoten wechseln ihre Farbe mit zunehmender Reife über Gelb nach Rot. Für viele Menschen ist die Haut der Schoten schwer verdaulich. Sie kann mit dem Sparschäler abgeschält werden oder: Die Schoten bei 220 °C in den Ofen geben, bis sie braune Blasen werfen. Sofort in einer Plastiktüte zum Schwitzen bringen und die Haut abziehen. Vor der weiteren Verwendung die Samen und Scheidewände entfernen.*

Zutaten

Für 4 Personen

4 getrocknete Shiitake-Pilze, 1/2 Stunde in lauwarmem Wasser eingeweicht
2 kleine Möhren
6–7 Spargelstangen
1 Lauchstange
1/2 rote Paprikaschote
1/2 grüne Paprikaschote
2 Frühlingszwiebeln
50 g grüne Bohnen
50 g Sojasbohnenprossen
1 zerdrückte Knoblauchzehe
3 EL Erdnußöl
1 EL Sojasauce
1 TL Salz
1 EL Reiswein
1 EL Sesamöl

Küchengeräte

• Schüssel • Gemüsemesser • chinesisches Küchenbeil • Holzbrett • Sieb • Holz- oder Bambusspatel • Wok • Kasserolle

***Alternativ:** Der Spargel kann durch **junge Zucchini** ersetzt werden. Das Fruchtfleisch in Stifte schneiden und, wie für den Spargel angegeben, garen. Die Blüten öffnen, putzen, die Blütenblätter in feine Streifen schneiden und gegen Ende des Garvorgangs hinzufügen.*

Mengenumrechnung

Personen	**6**	**8**	**10**	**12**
Shiitake-Pilze	6	8	10	12
Möhren	2 große	4 kleine	4 große	6 kleine
Spargelstangen	10	12	15	18–20
Lauchstangen	1 große	2	2 große	3
Rote Paprika	½	1	1½	1½
Grüne Paprika	½	1	1½	1½
Frühlingszwiebeln	3	4	5	6
Grüne Bohnen	75 g	100 g	125 g	150 g
Sojabohnensprossen	75 g	100 g	125 g	150 g
Knoblauchzehen	1	2	2	3
Erdnußöl	5 EL	6 EL	7 EL	9 EL
Sojasauce	1½ EL	2 EL	2½ EL	3 EL
Reiswein	1½ EL	2 EL	2½ EL	3 EL
Sesamöl	1½ EL	2 EL	2½ EL	3 EL

Zubereitung

◆ Die Pilze abtropfen lassen, die zähen Stiele entfernen und die Hüte feinstreifig schneiden. Die Möhren in dicke Scheiben und dann in Stifte schneiden. Den Spargel putzen und in 5–6 cm lange Stücke schneiden, dicke Stangen zuvor längs vierteln. Lauch, Paprikaschoten und Frühlingszwiebeln in 6 cm lange Stücke und dann in Stifte schneiden. Von den Bohnen die Enden abschneiden. Möhren und Bohnen 2 Minuten blanchieren und abgießen. Die Sojasprossen mit kochendem Wasser übergießen.

◆ Den geschälten und zerdrückten Knoblauch, den Lauch und die Frühlingszwiebeln im Wok im heißen Erdnußöl bei mittlerer Hitze unter ständigem Wenden in 2 Minuten weich dünsten. Das restliche Gemüse hinzufügen und 4 Minuten bei hoher Temperatur pfannenrühren.

◆ In einer Schale die Sojasauce mit dem Salz, dem Reiswein und dem Sesamöl verrühren, die Sauce gleichmäßig über das Gemüse gießen, 1 Minute unter Rühren erhitzen und servieren.

CHINESISCHER TEE

Anders als in Japan kennt man in China keine streng ritualisierte Teezeremonie. Hier – im namhaftesten Tee-Anbaugebiet der Welt – geht der Teegenuß einher mit einer entspannten und ungezwungenen Stimmung.
Tee wird sowohl als Willkommenstrunk als auch zum Abschluß einer Mahlzeit als Verdauungshilfe gereicht. Darüber hinaus trinken die Chinesen auch jederzeit im Laufe des Tages gern eine Tasse Tee. Besonders auf dem Land ist es durchaus üblich, tagsüber für einige Stunden ein Teehaus aufzusuchen. Dabei werden auch die Kanarienvögel in ihren Käfigen mitgenommen – so wie bei uns der Hund ausgeführt wird – und an der Decke des Raumes oder der Veranda aufgehängt, während man bei einem Tee und »dim sum« (kleine Snacks) gemütlich plauscht.
Auf die Qualität des Tees wird ebenso geachtet wie auf die des Wassers, das aus einer reinen Quelle möglichst im Gebirge stammen muß. Beim ersten Aufwallen gießt man das Wasser über die Blätter, die in eine Kanne aus Email oder Keramik, niemals jedoch aus Silber oder Edelstahl, gegeben wurden. Nach 3 Minuten wird der Tee ohne Verwendung eines Siebs in Tassen ausgeschenkt, die traditionsgemäß auffallend klein und henkellos sind.
Mitunter werden die Teeblätter auch direkt in den Tassen überbrüht. Dazu müssen die Tassen unbedingt einen Deckel haben, der die Wärme hält, während der Tee zieht. Chinesischer Tee wird »schwarz«, also ohne Milch, Zukker oder Zitrone getrunken.

Die bekanntesten chinesischen Tees sind:

BEENG CHA: Der pulverisierte Tee ist zu großen Kuchen gepreßt, von denen man im Augenblick der Teebereitung die benötigte Menge abbricht und zerbröselt. Der in der Provinz Yünnan angebaute Tee ist im Süden Chinas und vor allem in Kanton beliebt.

GRÜNER TEE: Der im Gegensatz zum schwarzen Tee unfermentierte Tee ist in China besonders verbreitet. Eine der kostbarsten und begehrtesten Sorten ist der LUNG CHIN oder »Drachenbrunnen«. Der helle Aufguß mit zartem Aroma schmeckt zu jeder Tageszeit.

PU ERH ODER SCHWARZER TEE: Er ist sehr kräftig und typisch für die südlichen Regionen Chinas. Man schätzt ihn nicht nur als Getränk, sondern schreibt ihm auch verdauungsfördernde und den Cholesterinspiegel senkende Eigenschaften zu.

OOLONG-TEES: Auch in der westlichen Welt sind diese halb fermentierten Tees sehr bekannt. In China sind sie vor allem in den südöstlichen Regionen verbreitet.

JASMINTEE: Der wohl beliebteste aller Aromatees wird in fast allen chinesischen Restaurants der westlichen Welt angeboten. In China wird er vor allem in der Gegend um Peking getrunken.

Servieren

Das Gemüse auf einer vorgewärmten Servierplatte anrichten. Dazu paßt gekochter Reis. Bei einem leichteren Essen als Beilage einen Teller mit Eierbandnudeln oder Glasnudeln reichen. Im Rahmen eines umfassenderen Menüs kann das Gemüse zu einem Fleischgericht ebenso serviert werden wie zu einem Fischgericht.

Variationen

Geschmorte Auberginen

2 lange, schlanke Auberginen in 6cm große Stücke und diese in Schnitze schneiden, in reichlich siedendem Erdnußöl goldgelb fritieren und abtropfen lassen. Im Wok in 2 EL Öl je 1 EL gehackten Knoblauch, gehackte Frühlingszwiebel, frisch geriebenen Ingwer und Bohnenpaste dünsten. Umrühren und 2 Prisen Salz, 1 TL Zucker, 1 EL Essig, 1 EL helle Sojasauce, Szetschuanpfeffer nach Geschmack und ½ Glas Fleischbrühe hinzufügen. Die Auberginen in die Sauce geben und 5 Minuten schmoren. Die Sauce mit 1 EL Maisstärke, in 2 EL Wasser verrührt, binden. Sobald sie eindickt, den Wok vom Herd nehmen und das Gericht mit gekochtem Reis servieren.

Brokkoli in Austernsauce

500 g Brokkoli in Röschen zerteilen, waschen, trockentupfen und im Wok in 2 EL Erdnußöl 1 Minute pfannenrühren. 2 EL Austernsauce – in Asienläden als Fertigprodukt erhältlich – hinzufügen und noch 1 Minute rühren. 3 EL Crabmeat aus der Dose oder die entsprechende Menge rohe, gehackte Garnelen dazugeben. Mit 2 EL Reiswein und 3 EL Fleischbrühe ablöschen. Die Sauce mit 2 TL Maisstärke, in 2 EL Wasser verrührt, binden, salzen und pfeffern. Das Gemüse, das noch einen kernigen Biß haben soll, mit gekochtem Reis servieren.

Geschmortes Gemüse »Luo'han«

Je 50 g Möhren, Brokkoli, Champignons, Kartoffeln, Frühlingszwiebeln und Bambussprossen putzen und in kleine Stücke schneiden. 2 EL getrocknete Wolkenohren, 15 Minuten in lauwarmem Wasser eingeweicht, ebenfalls klein schneiden. Alles im Wok in 3 EL Öl 3 Minuten pfannenrühren. 2 Glas Wasser, verrührt mit 1 EL Reiswein, 2 EL Sojasauce, 1 TL Salz und 1 EL Zucker, hinzufügen. Das Gemüse zugedeckt bei niedriger Temperatur 30 Minuten schmoren. Die Sauce mit 1 EL Maisstärke, in 2 EL Wasser verrührt, andicken und servieren. Dazu Sesamöl zum Abschmecken bereitstellen.

Buddhistenspeise

Gerichte aus Gemüse und Algen erfreuen sich in China großer Beliebtheit. In zahlreichen Familien kommt Fleisch nur zwei- bis dreimal im Monat auf den Tisch, und auch viele Gerichte mit Fleisch oder Fisch enthalten reichlich Gemüse. Traditionsgemäß wird die hier vorgestellte Zubereitung am Neujahrstag gegessen, um den Körper zu reinigen.

Getrocknete Tofublätter: *Der chinesische Name dieses Produkts lautet »fu-zu«. Es ist aus frischem Tofu hergestellt, der wie Nudelteig bearbeitet wird, bis schließlich dünne Blätter entstehen. Diese werden zusammengerollt und getrocknet. Tofublätter vor der Verwendung grundsätzlich einweichen, anschließend in Stücke schneiden und entweder im Wok in Öl braten oder auch als Suppeneinlage in der Brühe kochen.*

Zutaten

Für 4 Personen
30 g feine getrocknete Algen
6 getrocknete Shiitake-Pilze
150 g Chinakohl
50 g getrocknete Tofublätter
Erdnußöl zum Fritieren
12 Wasserkastanien
70 g zarte Bambussprossen
3 EL Pinienkerne
1 1/2 TL helle Sojasauce
2 EL Erdnußöl
2 Prisen Salz
300 ml Gemüsebrühe
1 TL Sesamöl
1 EL Maisstärke, verrührt in
3 EL kaltem Wasser

Mengenumrechnung

Personen	**6**	**8**	**10**	**12**
Getrocknete Algen	35 g	40 g	45 g	50 g
Getrocknete Shiitake	8	10	12	14
Chinakohl	250 g	300 g	400 g	450 g
Getrocknete Tofublätter	75 g	100 g	125 g	150 g
Wasserkastanien	18	24	30	36
Zarte Bambussprossen	100 g	140 g	170 g	200 g
Pinienkerne	4½ EL	6 EL	7½ EL	9 EL
Helle Sojasauce	2 EL	3 EL	5 EL	6 EL
Erdnußöl	3 EL	4 EL	5 EL	6 EL
Gemüsebrühe	½ l	600 ml	800 ml	900 ml
Sesamöl	2 TL	3 TL	1 EL	1½ EL
Maisstärke, verrührt in	1½ EL	2 EL	2½ EL	3 EL
Wasser	4 EL	4–5 EL	5 EL	6–7 EL

Wasserkastanien: *Die Früchte einer Wasserpflanze mit schwimmender Blattrosette sind wegen ihrer knackigen Konsistenz und des süßlichen Geschmacks in China sehr geschätzt. In frischem Zustand sind die Samen von einer dunklen Schale umgeben. Hierzulande werden sie jedoch nur geschält und konserviert angeboten. Zum Aufbewahren übriggebliebener Wasserkastanien aus der Dose bedeckt man sie mit Wasser, das täglich gewechselt wird.*

Alternativ: *Anstelle der getrockneten Tofublätter 150 g* ***frischen Tofu*** *verwenden. Für die Herstellung von Bohnenquark, wie Tofu auch genannt wird, werden Sojabohnen püriert und mit Wasser angesetzt. Man gibt das Püree in ein mit einem Tuch ausgelegtes Sieb, mischt der abtropfenden Sojamilch ein Gerinnungsmittel (Nigari aus dem Naturkostladen oder Zitronensaft oder Bittersalz) bei und erhält durch Pressen der geronnenen Masse den schnittfesten Tofu. Mit Wasser bedeckt, hält er sich im Kühlschrank mehrere Tage.*

Küchengeräte

• Schüssel • scharfes Messer • Holzbrett • Wok
• Arbeitsfläche aus Holz • Holzlöffel

Zubereitung

◆ Die Algen 15 Minuten in lauwarmem Wasser einweichen, abtropfen und auf Küchenpapier ausbreiten.
◆ Die Pilze 30 Minuten in warmem Wasser einweichen, abtropfen lassen, mit den Händen leicht ausdrücken, die zähen Stiele entfernen und die Hüte vierteln.
◆ Die Kohlblätter waschen, trockentupfen, aufeinanderlegen, in etwa 5cm breite Streifen und diese in 7,5cm lange Stücke schneiden.
◆ Die Tofublätter 30 Minuten in kochendheißes Wasser legen, abgießen, auf Küchenpapier abtropfen lassen und in etwa 8cm lange Stücke schneiden. Im Wok in 1 Tasse siedendheißem Erdnußöl 2 Minuten braten und wieder auf Küchenpapier abtropfen lassen.

◆ Die Wasserkastanien abgießen, unter fließendem Wasser abspülen, trockentupfen und jeweils in 6 Schnitze teilen.
◆ Die Bambussprossen abgießen, abspülen, trockentupfen und so fein wie die Wasserkastanien zerkleinern.

◆ Algen, Pilze, Kohl, Tofu, Wasserkastanien, Bambussprossen und Pinienkerne in den Wok geben. Die mit der Sojasauce, Erdnußöl und 2 Prisen Salz verrührte Gemüsebrühe hinzufügen, aufkochen lassen und 5 Minuten leise köchelnd garen.
◆ Das Sesamöl und die im Wasser verrührte Maisstärke hinzufügen. Bei milder Hitze weitere 2 Minuten garen.

Variationen

Chinakohl mit Glasnudeln

50 g Glasnudeln in lauwarmem Wasser einweichen. 1 Chinakohl in breite, 1 Frühlingszwiebel in feine Streifen schneiden, 2 Scheibchen Ingwer hacken. Im Wok 2 EL Öl mit 1 Knoblauchzehe erhitzen, Frühlingszwiebel, Ingwer und nach 1 Minute den Kohl zufügen, 3 Minuten dünsten. 3 Tassen Hühner- oder Gemüsebrühe, 1 EL Sojasauce und 2 Prisen Salz dazugeben, 10 Minuten sanft schmoren. Die Glasnudeln abgießen, zufügen, 10 Minuten mitgaren.

Chinakohl, pikant mariniert

1 Chinakohl von den harten Rippen befreien und in 4–5 cm lange Streifen schneiden. 3 kleine frische Chilischoten, 2 getrocknete Chilischoten und 1 EL Szetschuanpfeffer im Mörser zerreiben. Die Mischung mit 2 TL Salz zum Kohl geben, durchmischen und zugedeckt 2 Tage in den Kühlschrank stellen. Den Kohl unmittelbar vor dem Servieren mit einer Mischung aus 1 EL kaltgepreßtem Erdnußöl und ½ TL Sesamöl anmachen. Mit sehr weich gekochtem Reis servieren.

Geschmorter Chinakohl mit Garnelen

2 EL getrocknete Garnelen 15 Minuten in warmem Wasser einweichen. 2 Scheiben frischen Ingwer in streichholzfeine Stifte, 1 Chinakohl in Streifen schneiden. Die Garnelen mit dem Ingwer im Wok in 4 EL Öl 15 Sekunden pfannenrühren. Den Kohl hinzufügen, salzen, pfeffern und mit 1 Tasse konzentrierter Hühnerbrühe sowie 1 EL Sojasauce ablöschen. Das Gericht 10 Minuten schmoren und zum Schluß mit 1 TL Sesamöl verfeinern. Mit gekochtem Reis zu Fleischgerichten servieren.

Servieren

Das Gemüse in einer flachen Servierschüssel anrichten und nach Belieben mit dem in feine Streifen geschnittenen Grün der Frühlingszwiebeln bestreuen. Mit gekochtem Reis zu Fleischgerichten servieren.

CHINESISCHER WEIN

Die Bezeichnung »Wein« ist eigentlich irreführend, da das Getränk, wegen seiner Strohfarbe auch »gelber Wein« genannt, aus hefevergorenem Getreide, vor allem aus Reis und Hirse, hergestellt wird. Reiswein wird zu den Mahlzeiten serviert, aber auch zum Kochen verwendet. Jede Gegend in China erzeugt ihren eigenen Reiswein. Einige sind so gut, daß sie landesweit bekannt und sogar im Ausland erhältlich sind. Der berühmteste Reiswein stammt aus Shao Shing in der Provinz Tschekiang. Das likörartige Getränk besitzt einen Alkoholgehalt von höchstens 18%-Vol. Seinen besonderen Geschmack erhält es durch die spezielle Mischung aus Klebreis, normalem Reis, Hirse, Wasser aus einem See in der Umgebung und Hefe. Spitzenprodukte reifen bis zu vierzig Jahre. Im allgemeinen aber ergibt schon eine Reifezeit von zehn Jahren einen exzellenten Reiswein, der selbst zu den erlesensten Speisen paßt. In China genießt man Reiswein warm. Er wird im Wasserbad auf etwa 70 °C erhitzt, in einem Gefäß mit Tülle, zum Beispiel einer Teekanne, kredenzt und in Porzellangläschen, oft kaum größer als ein Fingerhut, ausgeschenkt.

Auch Weißweine und Rosés harmonieren mit den Gerichten der chinesischen Küche, nicht aber Rotweine. Ideal sind aromatische und süffige bis liebliche Sorten. Ebenso paßt Schaumwein oder Champagner – ob weiß oder rosé – vom Typ »trocken«, nicht jedoch »brut«.

Ausgebackene Äpfel mit Karamelkruste

Wenngleich die Chinesen Süßes durchaus mögen und man auf den Märkten ganze Verkaufstische mit verschiedenerlei Ausgebackenem, Reispuddings und anderen Leckereien sieht, endet eine Mahlzeit selten mit einem aufwendigeren Dessert. Bei offiziellen Essen werden in der Regel ein, zwei süße Gänge serviert, die geschmackliche Abwechslung in die lange Folge salziger Speisen bringen sollen. Auf der Speisekarte der meisten chinesischen Restaurants finden sich Früchte in Karamel, die ursprünglich aus der Peking-Küche stammen, sich inzwischen jedoch im In- und Ausland einen festen Platz auf der chinesischen Tafel erobert haben.

Chinesischer Kandiszucker: *Der nicht raffinierte Zucker enthält noch einen gewissen Melasseanteil. Die großen – faszinierend schönen – Kristalle werden vor der Verwendung mit einem Fleischklopfer zertrümmert und dann im Mixer zermahlen. Als Ersatz eignen sich brauner oder auch weißer Zucker.*

Sesam: *Die Samen kommen in der chinesischen Küche in vielfältiger Form zur Verwendung: ausgepreßt als Öl, gemahlen als Paste oder auch als ganze Körner. In Fernostläden werden helle und dunkle Sesamsamen angeboten. Beide schmecken gleich, doch sind die hellen dekorativer und auch für dieses Rezept besser geeignet. Vor dem Fritieren über die Äpfel gestreut, entfalten sie im heißen Öl ihr volles Aroma. Auch Naturkostläden bieten Sesamsaat an.*

Zutaten

Für 6 Personen
Für die Apfelkrapfen:
100 g Mehl
1 Ei
120 ml kaltes Wasser
5 kleine Äpfel, möglichst Golden Delicious
1 Zitrone
3/4 l Erdnußöl zum Ausbacken
2 EL Sesamsamen
Für den Karamel:
230 g chinesischer Kandis oder brauner Zucker
2 EL Erdnußöl

Mengenumrechnung

Personen	4	8	10	12
Für die Apfelkrapfen:				
Mehl	100 g	200 g	200 g	200 g
Eier	1	2	2	2
Kaltes Wasser	120 ml	¼ l	¼ l	¼ l
Äpfel	4	7	9	10
Erdnußöl zum Ausbacken	¾ l	1 l	1½ l	1½ l
Sesamsamen	2 EL	3 EL	4 EL	5 EL
Für den Karamel:				
Chinesischer Kandis oder brauner Zucker	230 g	400 g	500 g	500 g
Erdnußöl für den Karamel	2 EL	3 EL	4 EL	4 EL

Alternativ: *Anstelle der Äpfel **Bananen** verwenden, und zwar entweder 4 normal große oder, sofern erhältlich, 8 von der kleinen, sehr aromatischen Sorte aus Fernost.*

Äpfel: *Golden Delicious sind süß, aromatisch und saftig, ohne jedoch beim Ausbakken zuviel Wasser abzugeben. Daher lassen sie sich gut vorbereiten, so daß man sie im letzten Augenblick nur noch karamelisieren muß. Wer einen säuerlichen Geschmack bevorzugt, verwendet Renetten, die gedünstet besonders gut schmecken.*

Küchengeräte

• Schüssel • Schneebesen • Gemüsemesser • Zitronenpresse • Wok • große Schüssel • Schaumkelle • kleiner Kupfer- oder Edelstahltopf mit dickem Boden • Bambusstäbchen • Schüssel mit Eiswasser • großer Löffel

Zubereitung

◆ **Apfelkrapfen:** In einer Schüssel das gesiebte Mehl mit dem verquirlten Ei und dem kalten Wasser vermengen und mit dem Schneebesen zu einem glatten Backteig verrühren.

◆ Die Äpfel schälen, halbieren, vom Kerngehäuse befreien und die Hälften je nach Größe in 4–6 Schnitze teilen. Immer sofort mit Zitronensaft beträufeln, damit sie nicht braun werden.

◆ Die Äpfel in den Backteig geben und durchmischen, bis alle Schnitze gleichmäßig überzogen sind. Gleichzeitig das Öl zum Ausbacken im Wok erhitzen.

◆ Die Schnitze mit einem flachen Schaumschläger aus dem Teig nehmen, etwas abtropfen lassen, mit Sesamsamen bestreuen und sogleich ins heiße Öl geben. Jeweils höchstens 8 Stück gleichzeitig ausbacken, damit die Öltemperatur nicht zu stark absinkt. Zwischendurch wenden, sie sollen gleichmäßig Farbe annehmen

◆ Sobald die Krapfen goldgelb sind, mit einer Schaumkelle herausnehmen und auf Küchenpapier das Fett abtropfen lassen.

◆ **Karamelisieren:** Das Überziehen von Früchten mit einer klebrigen Zuckerkruste ist in China sehr beliebt. Durch das Schmelzen des Zuckers in Öl bleibt die Kruste weich. Bei einer Zubereitung mit Wasser kristallisiert der Zucker beim Erkalten härter.

◆ Am besten werden die Krapfen karamelisiert, solange sie noch heiß sind. Oder die Apfelschnitze schon vor dem Essen ausbacken, aber erst unmittelbar vor dem Servieren karamelisieren.

◆ Für die Zubereitung des Karamels eignet sich ein Edelstahltopf mit dickem Boden. Besser noch ist ein Kupfertopf mit abgerundeter Innenwand speziell für die Zubereitung von Läuterzucker, der die Wärme besonders gut leitet.

◆ Den Kandiszucker mit dem Erdnußöl in den Topf geben und bei mittlerer Temperatur unter ständigem Rühren schmelzen. Nach etwa 10 Minuten ist der Zuckersirup schön gebräunt.

◆ Alternativ den Karamel mit Wasser zubereiten: Den Zucker mit 2 EL Wasser unter Rühren schmelzen und dann, ohne zu rühren, bei mittlerer Temperatur köcheln lassen, bis der Sirup schön gebräunt ist.

◆ Die mit dem Karamel überzogenen Apfelstücke sofort mit Sesamsamen bestreuen und im Eiswasser abschrekken, wodurch der Karamel in Sekundenschnelle erstarrt. Die Krapfen abtropfen lassen und mit einem zweiten Paar Stäbchen lösen. Die restlichen Krapfen genauso verarbeiten.

◆ Den Karamel am Rand der Herdplatte oder über einem Topf mit kochendem Wasser warm halten, er muß flüssig bleiben.
◆ Neben dem Herd eine Schüssel mit Eiswasser, eine Schale mit Sesamsamen und 2 Paar Stäbchen, an den Enden in Öl getaucht, bereithalten.
◆ Jeweils 2–3 Krapfen in den Karamel einlegen, mit Hilfe zweier Stäbchen darin wenden und herausnehmen.

Servieren

Die Apfelkrapfen auf einer Servierplatte anrichten und in die Tischmitte stellen. Sie werden möglichst heiß gegessen, wobei jeder Gast sich mit einem Paar Stäbchen selbst bedient.

Variationen

Bananen-/Ananaskrapfen mit Karamelkruste

4 Bananen in Stücke schneiden und mit Zitronensaft beträufeln, damit sie sich nicht dunkel verfärben. Nach Geschmack auch jeweils zur Hälfte Äpfel und Bananen mischen. Im westlichen Ausland servieren die chinesischen Restaurants auch karamelisierte Ananas. Dafür 1 vollreife, gelbschalige, duftende Ananas in Scheiben und diese jeweils in 6 Stücke schneiden. Sorgfältig mit Küchenpapier trockentupfen und nach dem Basisrezept mit Backteig überziehen und karamelisieren.

Gelierte Mandelrauten

180g geschälte Mandeln und 100g Langkornreis fein hacken (am besten im Mixer) und in einem Topf mit dikkem Boden in 600ml Wasser verrühren. 2 Tropfen Mandelaroma, 4 EL Zucker und 300ml Wasser hinzufügen und zum Kochen bringen. 3–4 TL Agar-Agar- oder Gelatinepulver mit 150ml kalter Milch verrühren, 10 Minuten quellen lassen, in den Topf gießen und unter Rühren noch 5 Minuten kochen. Eine quadratische Form mit Antihaft-Beschichtung mit Erdnußöl ausstreichen, die Mandelmischung einfüllen, abkühlen lassen und zum Erstarren einige Stunden in den Kühlschrank stellen. Vor dem Servieren in Rauten schneiden und mit Mandelsplittern bestreuen.

Birnen in Honigsauce mit Rosenblütenschnaps

6 reife, aber feste Birnen, wie zum Beispiel Williams Christ, schälen und mit Zitronensaft beträufeln. In einem Topf mit 3 EL Zucker bestreuen, mit Wasser bedecken, zum Kochen bringen und nach dem ersten Aufwallen 15Minuten leise köchelnd garen. Zum Abkühlen mit ein Viertel der Kochflüssigkeit in den Kühlschrank stellen. Inzwischen 4 EL flüssigen Akazienhonig mit 4 EL chinesischem Rosenblütenschnaps, 1 EL Zucker und 2 EL der Kochflüssigkeit verrühren. Die Birnen abtropfen lassen, mit der Honigsauce übergießen und vor dem Servieren noch 30 Minuten in den Kühlschrank stellen.

Verzeichnis der beschriebenen Zutaten

Auf den Einstiegsseiten der Basisrezepte werden die besonderen Zutaten in Wort und Bild vorgestellt. Sie sind in unserer Küche nicht jedermann geläufig, werden aber in den folgenden Rezepten dieses Buches als bekannt vorausgesetzt. Dieses Verzeichnis ist als Hilfe gedacht, damit das Ausprobieren der chinesischen Spezialitäten problemlos gelingt.